U0063212

是鴨子還是兔子

漢娜·蒙耶、馬丁·蓋斯曼——著
薛宇桐——譯

BY HANNAH MONYER & MARTIN GESSMANN

DAS GENIALE GEDÄCHTNIS

謹將本書獻給我們的父母親

「記憶是過去的未來。」

——保羅．瓦勒里（Paul Valéry，法國作家、詩人及哲學家）

目錄

前言

「魚跟鳥有可能喜歡上彼此，但牠們要把窩蓋在哪呢？」我們有次偶然向同事提到要一起寫書的想法時，他以這句出自動物世界的生活智慧格言來為我們打氣。他說得沒錯，哲學與神經生物學並非以攜手合作在學術圈闖蕩而聞名。眾所周知，哲學喜歡抽象思考，並以高度概念化的方式接近命題；相反地，神經生物學就如醫學界常見的一般，專注在研究對象上，而且獨樹一格的是：從最開頭研究起，並關照研究對象的最小組成部位。這點也已由神經生物學（neurobiology）這名稱獲得認證，因為研究神經細胞的單字字首會加上「neuro-」（神經的），所以神經細胞可以被理解為生物及醫學這片宇宙中最初的原子。而實際上也可以這麼看待兩者，哲學家原則上算是漂浮在萬物上方，神經生物學家則一直置身在事物中，彼此要想在研究空檔進行比吐納相會瞬間更多的交流，是不可能的。

然而，自從神經科學將大腦研究視為關注焦點後，我們已經不可避免地愈走愈近。哲學總是試圖探討人類的心智究竟為何、又是如何運作。而腦部研究如今提供了可能性，讓我們可以針對大腦內部處理特定現象的歷程，進行具體的想像。就像是意識本質或邏輯思考起源，這樣的經典問題，如今得以從兩個不同的面向討論起。

可是，我們後來所能讀到以神經為題的大部分文獻仍不完整，這也有其充分的理由：這段期間，針對個別的特定主題做了無數研究，非常精心設計實驗以求得出結論（我們會在本書的八個章節中熱烈陳述），只是時至今日，仍缺乏一個能宏觀地思考，並將諸多極特殊的個別研究結果加以整理總結的跨領域觀點。回頭來說，哲學在腦部的醫學及實證研究方面，也不怎麼有幫助。有關人類心智的各種理論，尤其是英美哲學的，基本上都已經跟不上時代，該是改變思維的時候了。

所以我們這對神經科學家和哲學家的組合便思考，今日腦部研究和哲學必須在哪方面合作，才能在為時下的問題提供解答並冒險跨出一大步的同時，不致迷失於枝微末節的個別研究結果裡。我們很快就知道只有一個現象能夠全面滿足這些要求：我們的記憶。記憶與大眾普遍認知的有所不同，它並不只是我們為了往後可能的應用，而存放單一內容或能力的場所。記憶同時也是進行攸關我們記憶內容後續處理與調整等驚奇事件的地方。一路走到最後，很快就會發現：若記憶沒有提供這關鍵性的準備工作，基本上我們根本無法思索、感覺，也無法思考和做計畫。也就是說，在表面上我們認為自己依照了當下情況而做出決定，甚至在沒什麼準備的情況下解決問題，但其實記憶才是在幕後操縱的隱形推手。

我們很早就在自相獨立進行的研究中，獲得了這個結論。

腦部運作讓我們在空間裡可以移動自如，而這方面的研究也是作者之一漢娜・蒙耶（Hannah Monyer）投注心力的重點。她研究的一項重要論點為：我們不能將空間記憶純粹想像成地圖的資料庫而已，它更是個高動能的導航系統。透過這系統，記憶的能力變成不僅能回顧，更能前瞻我們想要前進的目標。

另一位作者馬丁・蓋斯曼（Martin Gessmann）則長期走在一條截然不同的思索途徑上：他是解讀及轉譯古代（重要）文章和科技問題的專家。然而隨著愈投身於古代的研究，他愈了解到我們的文化要敢於前瞻，才有開始可言。我們若想了解過去及置身其中的自我，就必須放眼未來。

兩個面向，一個目標。在我們同事那個「魚跟鳥」的玩笑話點醒我們後，現在重要的就是動筆書寫，或者說是總算開始蓋起「學術窩」。

導論

相信每個人都有這種經驗：在面臨複雜的抉擇或艱難處境時，會來來回回很多次地全面深思熟慮。究竟應該走這條路呢？還是另一條？該結婚？還是最好再等等？要不要去念那個系？還是別的系比較好？諸如此類的疑問太多了，更擴及到像是下次去哪度假這類日常問題。而我們也都有過這樣的體驗，就是前述的那些情形，很奇怪地，到最後都會以簡單的方式被解決。出於一個連自己都不是很清楚的原因，忽然間就充滿了確定感，知道自己要的是什麼，以及現在該做什麼。其中最棒的就是：晚上帶著問題上床就寢，明早醒來都還沒喝第一杯咖啡，解答就已浮現眼前。在沒有繼續絞盡腦汁的情形下，忽然間便知道事情該如何解決，輕輕鬆鬆就全面掌握先前仍千頭萬緒的事情。即使這聽起來如此神奇，也讓我們感到吃驚，但通常我們都會覺得接受這突然的靈感也不錯。直到事後某個時間點回頭看才發現，這很顯然完全是在先前狀況裡所能做出的最正確決定，而且可能帶來了更好的效應。而若萬一沒聽從這突然的靈感，日後便會在心中不斷質問自己，是否當初應該追隨內心的聲音才對。

但這靈感究竟來自何處？又是什麼獨特的力量，竟能這樣無聲無息，卻又有效地決定我們的人生？我們是從何獲得這有如仙女棒一揮的神奇建議，讓再怎樣糟糕的情形都能迎刃而解呢？

我們想在本書提供一個意料之外的候選答案：我們的記憶。我們常常都以為記憶負責的是其他事物，例如，當想不起某個東西、短暫的記憶喪失時；或者很討厭地，再次受邀卻想不起主人小孩的名字時。記憶的確對我們生命的成功做出許多非凡貢獻，只是一直未被注意到。直到像是阿茲海默症及其他老年失智症等疾病變得普遍之後，我們才發現：記憶不只是跟我們開個小玩笑，讓一切都無法進行而已，而是漸漸告別，並全面停止其助益良多的服務，之後我們被迫看清——基本上生命再也沒有任何的可能，最後回頭只剩一片巨大不帶人性的空無。

一直以來，都是由疾病或意外造成的結果在指引著研究的道路，而且讓我們了解記憶與人生的成功與否有著很高的關聯性，其中最為人所知的便是二〇〇八年逝世的亨利．莫萊森（Henry Molaison），他生前被稱為H. M.[1]。五〇年代初期，醫師決定對癲癇發作的莫萊森施行一場腦部手術，將大腦兩側部分的內側中央顳葉切除。手術另外還涉及到部分的海馬迴，這個部位後來竟在學術圈掀起波瀾，因為發現該名病患失去了產生新記憶的能力，也就是手術後的他再也無法記憶後來發生的事，他得花好幾次來「重新認識」同一個人，因為他無法記得自己早已認識對方。這期間還有以此為題的電影，主角必須重新愛上早已相愛很久的伴侶，其中《王牌冤家》（*Eternal Sunshine of the Spotless Mind*）就是代表作之一。

記憶研究在過去幾十年來有卓越的進步，這是因為高度發展的技術和科技，讓我們得以前進到腦中的個別神經細胞及其電流訊號；而現今散布全球各地的科學家網絡針對記憶功能進行系統性及全面性的研究，也是原因之一。這邊有個例子，可以證明其研究的進步規模：大約五十年前，科學家艾瑞克．坎德爾（Eric Kandel，爾後獲諾貝爾獎）開始研究擁有超過兩萬個神經細胞的「加州海兔」（Aplysia californica，海蝸牛的一種），這種生物有著最簡單的記憶形式，該研究亦只涉及簡單的反射反應。今日，光在歐洲就有超過十億歐元的研究費用，花在借助電腦創造出人腦的對照模型（第八章將會討論）上，而目前功能還有待了解的神經細胞數量大約有一千億個神經元，這些神經細胞彼此串起的連結數量大約有一百兆個（一兆為一後面再加十二個零）。

有很長一段時間研究重點都放在基礎工作上，了解記憶最小的組成成分如何在細胞層產生。到這二十年來，研究重點才逐漸轉移至複雜關聯性的觀察，測試特定功能和網絡間的交互作用。因此我們記憶的功能，也不再像過去大家所認為的，僅是個放置回憶的儲存場所而已。研究內容更加著重於記憶如何貢獻一己之力，讓我們往後的人生能走得更好。

鑒於這樣的研究發現，我們希望在書中傳達這訊息：該是重新評價我們記憶的時候了。我們想清楚地解釋，記憶至今仍總被低估，以及用全新觀點來接觸記憶是件好事。記憶不只與過去有所關聯，更與未來息息相關。記憶存在的目的，不是把經歷過的事放進抽屜保存而已，而是不斷地重新整理，並改造為未來可利用的形式。其所依循的，基本上為向前瞻望的邏輯，特別是在處理我們早已經歷過和做過的事情時，更是如此。我們必須顛覆對記憶最基礎的認識，同時做出改革。要了解到，記憶的首要任務在於生命的規畫，而人類也沒有第二個像這樣的能力，能負責如此複雜且不斷變換的任務。最後，則是如何從形形色色的過往經歷，來展望其所形成的值得追求的未來。

因此，在第一章首先提出最基本的問題：這樣的觀念轉變，會對記憶研究帶來哪些新觀點。本書將從最簡單的學習過程出發，進而追蹤如此儲存下來的記憶軌跡之後的變化。過去及當下的經歷是否都會被保留？我們能否確定腦海中重新搜索到的，就是我們之前為了以後所用而儲存下來的事物？本書也將會看到，光是記憶處理的前幾個步驟，就已與我們想像的不同，這可跟我們平常與電腦的互動模式有差別。差別在於電腦只要簡單按個鍵，不用幾秒就能下載整本電子書檔案，但是我們的學習過程受到明確的時間管理限制，無法瞬間將大量的內容記錄在腦中。而我們又可以同時在大腦中保存多少的資訊位元呢？什麼時候會開始過度負載？書中不但有答案，更會解釋這現象為何有其必要。第一章最後，我們更大膽提出了一個初步的前瞻性問題：若我們已經徹底地廣泛瀏覽過，而且了解我們記憶整體的儲存及整理模式，那麼新知意味著什麼？這些現今研究的架構，要如何幫助我們的人生更有進展？特別是用這種方式來對待過去，對人類而言有何獨特性？

第二章，則將焦點從白天的學習及行為，轉換到夜晚，聚焦在各種不同的夢境上。若記憶總是顯得內斂並藉由隱身幕後來發揮效用，那麼可以看一下記憶的幕後，並觀察當它幾乎不受干擾地運作時，會有什麼事發生，如此應該會大有收穫。而這正是我們試著運用在腦部相關區域的新方法，之後就可以藉此悄悄地獲得夢境直播。一開始我們就可以預告，人們所做的夢遠比從自身經驗推測的還多，尤其是在深眠期。而我們也可以先跟大家說：所討論的這些歷程，與記憶過程息息相關，至少在持續學習這部分是如此。

在這些研究之後所討論的，仍與我們清醒後還常常清楚記得的夢境相關。從古時候起，它們就有著特別的夢境解讀意義。我們會看到，新近的研究又再次引發大眾重新思考。我們有沒有可能必須以夢境的原意去檢視它們，即使它們有時看似怪異？對此，我們會至少試著提出幾個好理由。

我們對夢境的討論，並沒有到此告一段落。腦部研究還找到未來可能改變夜間夢境的辦法，透過這種方式，或許能讓我們成為夢境的共同導演。有些非常有天分的人甚至不需要科技協助就能做到，但我們這些普通人則是就此有了新的可能。我們將能夠探究過去在夢境當中，只能被動受其情節影響的部分。到了第三章，我們就會看到有哪些前瞻性的發展。在這邊只能先稍稍提示：每個運動員都有一個夢想，希望能不花一絲力氣、不動一隻手指就能訓練技能。

在夢境中，能夠想像一些不會在現實發生的事。但這在白天，或者在意識清楚下，是否也有可能？第四章，探討的就是假記憶的現象。假記憶指的並非偶爾不小心搞錯，或者在不利的情況下自然出現的誤解。真正的問題其實是：人是否有可能刻意偽造記憶？我們能否極力地說服自己，最後甚至相信自己的謊言？

愈多關於記憶的大腦研究，對記憶的了解也愈是明朗：記憶是利用極多且不同的神經網絡系統所組織而成的，也因此非單一特性。所以第五章所討論的，是一種必須以過往遺跡出現的記憶形式，是關於感覺及其保留在記憶中的特殊方式。為什麼我們很難從負面的經歷中解脫？我們只想一了百了就此告別的記憶，為什麼仍不時襲上心頭？為何心痛的感覺一定會變得如此強烈？為什麼傷痛的經歷無法就此放過我們？當然，同時間極正面的經歷回憶也存在著，例如，孩提時的記憶。回憶究竟對我們做了什麼？又是如何成功地將我們帶回久遠的過往情緒中？我們將跟隨著作家普魯斯特（Marcel Proust）的足跡，踏上一段時空旅程。我們有可能聞到過去的氣味嗎？

在睡眠中學習，及前往孩提國度的時空旅行，充其量也不過是記憶研究的副產品，該研究要面對的是更大的挑戰，那就是：記憶如何在人生中形成，並伴隨我們到老。此外，最顯而易見的是，我們在日常生活中有多麼依循陳腔濫調，完全低估了記憶的能力。然而我們也得明白，不久，到了需要老花眼鏡的晚年時，記憶力也會跟著減弱。例如，忘記鑰匙在哪，在找了十五分鐘後，便立刻有了警覺，上網搜尋可信的記憶測試；在把一個約會忘得一乾二淨時，問自己還有多久才退休？跟同事聊到員工餐廳的午餐如何，卻只能給出模稜兩可的答案時，內心會感到很難為情，因為我們早想不起來有什麼吃的。現在我們試著要證明，這些假設的疏忽及記憶缺失，其實只是最好根本不用認真的小事。或者最好將其視為信號：記憶正忙著更重要的東西，而不是放鑰匙的正確地方、無數約會的其中之一，或者午餐品質等平凡到根本就不值得特別去記憶的事物。

這帶出了一個論點：記憶會非常有效率地配合我們的實際需求做調整。隨著年紀漸長，我們的任務可能變得更有挑戰性，記憶便會將焦點放在當下重要的事，這和當時需要思考及記憶的事很有關聯。

第六章，我們要來關心「老化」，也會給大家一些信心。如同今日腦部研究所呈現的，必要的資源已經有了，需要的只是從中加以利用。我們想要指出為此所需要的一切，以及在記憶訓練上，指導者普遍都會忽略的一個重要元素：在生命中，人們必須要有所企圖，並且真心有所期盼。若沒有真正的動機，就難以再次擁有實際的創造性並有所發展。

第七章將會踏上全新的領域，因為神經生物學的腦部研究才正啟程，朝記憶研究的新領域發展。這章的主題是「集體記憶」。我們試著釐清，個體記憶跟另一個體記憶之間的關係，以及是否不能讓許多個體在一起，或者這樣也會造成短路。如果願意的話，我們的個人記憶之後能再次成為超級記憶的全面性網絡的一部分。這概念神奇之處，在於我們有可能會知道某件不確定的事是在哪裡看到的，且並非從自我主動學習的情境得來。任誰都說得出誰是小紅帽，就算自己從沒讀過這童話也可以。我們試著要理解這是如何產生的。

而本書最末章討論的，是目前的研究有何不可思議的未來潛能，以及能如何充分善加利用。期待在技術面改善我們的記憶，而且最後能整個轉移至機器上。在這方面，最大膽的期望，出自美國軟體開發商和作家的筆下。他們已經能預見人類心智以機器人的形式在宇宙蜂湧出現，並藉由我們的知識及文化來造福整個世界。我們對此更是謹慎，特別是更加懷疑——人類害怕不久後，記憶機器人恐怕就可以開始獨立生活，而且可能未必對我們有利。此書依循著這個想法前進，並做個別的思考。

以上零零總總，即為讀者們所能期待書中將呈現的內容。即使個別實驗本身呈現出的已如此壯觀，展現研究成果仍不是我們的唯一目標。我們尤其想要針對記憶的特性和功能，開啟一個全新觀點。若認為記憶最重要的任務，只是負責處理過去，也就是資料及內容的存放，那也就表示記憶至今仍未得到正確理解——這也正是此書所要提出的論點。相反地，我們推測記憶最重要的任務是規畫未來，並帶領我們在人生道路上前進。因此，其主要任務並不只有儲存以備日後調出，而是同時不斷地編輯、整理新事物。在這裡所指的，就是不斷重整記憶內容，針對現在正等待進行以及對生命的進一步規畫有其重要性的任務，來進行調整。

談論到目前為止還算簡單，但現在要再往前一步。我們認為，記憶並不只是服務提供者，貢獻合適的記憶讓我們想出計畫；相反地，更應該思考：透過記憶內容的整理，我們才會產生欲望去做之後所投身的事物，這完全是個自發的過程，我們自然而然就如此行動。記憶藉由其準備行動，為我們的決策奠定基礎，並以特定的形式將個別要點先整理好。記憶先行實驗哪些途徑可行，並根據我們自身經歷，判斷在怎樣的情況必須做好心理準備、可能會遇到困難或挫折。也可以說，記憶寫的是i，然後我們現在必須加上那畫龍點睛的一點。這樣的思考途徑最後也能倒過來走。若我們生命的展望，因為高齡或疾病而受到限制，記憶的處理模式也會隨之改變。這種時候，比起為不久的未來做出安排並向前看，記憶則較常讓我們回顧過往，回想曾展望過的未來可能。講得再具體一點，就是孩提時候的記憶變得重要，而這人生初始的記憶，也應該是我們人生所有一切發展的開端。記憶將我們帶回過去時光，那時世界還對我們敞開。

這樣一個記憶的新觀點，與我們基本上將其視為有前瞻性及創造力有關，相對地，我們也必須重新定義記憶的特質。在這部分，格外值得思考的是：我們多半注意不到記憶的創意表現，只有面對其潛在運作而得的成果時，才感到驚奇。至於有關我們的記憶能要求什麼頭銜的問題，哲學可以幫忙回答。

在兩百多年前，出身德國克尼斯堡*的哲學家伊曼努爾．康德（Immanuel Kant）曾經問過一個問題：「究竟是什麼將藝術家造就為藝術家呢？」他所想到的答案是，一定有種相當特別的靈魂，讓藝術家擁有能力。這種靈魂從幕後發揮著影響力。一個人再怎麼努力想要成為藝術家，創造出美麗的事物，光靠費盡心力思考「那樣美麗的事物應該看起來如何、適合依循哪些規則？」是無法成功的。他若要更具備成功的希望，內在就必須有某種巧妙隱藏的力量或才能去承擔安排工作，並在幸運時刻來臨時，直接表現出最終的樣子。這樣的靈魂就是以「保護性」和「領導性」的樣子現身[2]。

這也可以說是一種正面的靈魂。對康德而言，這種靈魂將人類帶回真實的本性，使其恢復原先天資聰穎的一面。同時我們也還要了解到，記憶會像自然的才能般，在不曾真正察覺或知情的情況下，於我們身上產生啟發性的作用。唯一的差別，就是與這有關的不是藝術品，而是我們的生命本身。記憶之所以顯現如此具獨創性的能力，是因為它提供我們解決方法，解決那些就算仔細思索，都還不一定可以解決的問題——而且記憶這時多半也是為了幫助，才提供解決方案。若我們遭到記憶遺棄，就會覺得彷彿也遭到所有善靈遺棄一般。當記憶在像阿茲海默症或失智症等疾病發生時一樣衰退，生命盡頭很容易就會分崩離析。這就是優異能力所具有的兩面：失去功能時使我們墜入深淵，然而只要運作正常，便帶有具備高度原創性，並讓我們超越自我成長的能力。

最後將提供一個思考面向為本書做結。如同剛才所說明的，我們的記憶表現得像是個難以置信，卻又祕密的人生夥伴，然而這種能力喜歡隱藏在白天瑣事的布幕後，只有在我們執行例行功能卻表現失常時，才會被注意到。由於時間的本質與我們記憶的作用息息相關，早在古代，聖奧古斯丁就曾表明：「只要沒有人問起，我就知道這東西。但要是有人問起，真要解釋的話，我反而不懂了。」[3]也因為記憶如此不顯眼又難以解釋，因此一直以來，我們都試圖藉由模型來釐清其作用。甚至早在古代，人們就已利用科技儀器及設備來做比較。兩千多年前，亞里斯多德便率先以戒指圖章壓印在蠟板上的模樣來說明記憶——很年輕的人和老年人的蠟板是如水一般的液態，因此不會留下壓痕；而懶散的人也不會留下任何痕跡，因為他們的蠟板太乾了。[4]

---

* Königsberg，今日俄國卡列寧格勒（Kaliningrad）。

後來，人們則把宮殿或圖書館當成範例，將記憶想像為存放在裡面特定地點的知識，因此可以再被找到或管理。到了近代，發明了攝影技術，自此我們開始以圖像記憶思考，並依此模式去想像記憶。六〇年代的義大利式西部片就承襲了這想法，一個持槍之徒在臨死前，他的一生就會以走馬燈的方式從腦海中掠過。直到現在，人們還是會以電影分鏡的格式來想像記憶。電影院也同樣提供了二十世紀最後的機會，藉著解釋隱藏的蒙太奇過程協助我們組裝人生記憶。

不過跟網際網路相較，電影院顯得像是明日黃花，畢竟這個時代，網路最終比任何其他的科技裝置還要主宰我們的生活。這對我們要說明的目的有好處。不同於之前，借助當代科技，我們現在距離事情的核心更近了。人的頭裡找不到蠟板、戒指圖章、套房和圖書館書架，也沒有鏡子及其反射，一九六〇年代心理學理論模型仍依據這些比喻運作。然而腦部研究在分析大腦功能時，卻發現了完整的網絡。無論如何，舊思維已經不管用了，比如十九世紀初期起就存在的，猜測腦中特定位址占據著像是個性、情緒或智能等固定特質的想像。如今我們知道，每個費力而複雜的功能，都得透過不同大腦區域的廣泛合作才能達成。就拿全新的網絡文化做為範例，我們已經不再需要就單純圖片的意義去努力類推，以解釋腦部所進行的事物。現今腦部研究所揭露的網狀結構，與跨越全球進行的聯絡網路，想像起來並無差異。藉由新媒體，我們面前也至少有個真實的比較模型來幫助我們理解，而且不必再將就著隱喻。

網際網路的類似比喻，也將我們進一步帶到了全新的觀點。只要體驗一下，網路如何在我們眼前不斷地發展，並隨著時間獲得全新的特質便可知——最初，網路只被做為單純的通訊媒體使用，大家交換資料，連接上網就能將資料存在各自的電腦，之後又增加了實用的功能。與此相關的關鍵字就是Web 2.0，此後網路上的活動也以帶有情感的方式持續進行，我們可以給予評鑑、評論，並在網路上獲得刺激或平靜，以及將反對的意見化為文字。另外我們也能試著參與思考議題，並且共同參與諮詢。而現在也該是時候來迎接完全不同的展望了。一旦網路文化4.0（或是工業4.0）能夠實現，很多事情就算沒有我們集中注意力來思考或給建議，也能夠完成，從網絡到機器，都能自行思考出許多事物並加以協調。

對這些發展及未來展望，我們可以抱持著批判的角度審視，也可以把它們當成遙不可及的烏托邦夢想。無論如何，前述的發展與展望能協助本書要解說的目的，讓人更容易想像大腦中的網絡包含了重要的訓練輔助系統等所有能力，這些都能在人生中提供我們進一步的實質協助。

我們希望的也就是能提出許多好的論點，來說明我們的主要論點：我們若仍然只將記憶看作存放資料的地方，那就完全低估了記憶及其可能性。最好是在我們的記憶中，有個萬能又聰慧的助理，幫我們規畫所有接下來的安排。這一切要等我們完全改變自己的思維、認同這想法，才會了解記憶如何從我們的過去創造出未來。而在那之後，我們便能說記憶是一種優良且具獨創性的能力，而這也正是我們因為記憶的內斂特性，而不曾相信過的事。

第一章

記憶革命——我們的記憶如何扮演未來規畫者

請試著想像下面這個神奇變化：先將所有可能會用到的東西都擺進冰箱，待找來食譜再打開時，卻發現東西的擺放位置與先前不同，而是整齊地排放著隨手可取的食材，恰巧全都是你現在想煮的那道菜所需。或者想像這樣的狀況：你現在是名律師，正要處理一件富戲劇性轉折的案件，當你打開存放所有文件跟佐證的資料櫃時，裡頭看起來像是有個勤勞的神奇小精靈幫過忙，全部東西都重新整理過，剛好適用案件的新狀況。之前被歸類到原告的文件，現在也以被告證據之姿現身，而且就連從資料夾中拿出個別文件內頁，也會發現不同之處——有人根據新狀況重新改寫相關經過和內容，甚至連新的事件轉變都包含在內，全部內容都順應案子的新發展，現在就能原封不動地直接加進答辯詞裡。

在神經生物學家們第一次對我們記憶實際上完成的所有事情有個大略概念時，想必也曾有過類似的感受：獨一無二、出乎意料，而且那裡最後也有神奇的事在暗中發生。每個研究人員投身這主題時，一定都曾經覺得自己像個小孩吧，無論如何都想要一探究竟，當人們關上冰箱門後，裡面的燈是不是真的會滅掉？

神經生物學家們對研究課題的熱情，或許能讓人們懂得更多，而不是僅能問出我們睡著或做白日夢時，腦中是否真的還有燈光（或者更好的說法是「活動」）這類問題。人們會更急切地想要知道那些無私、自願出來幫忙我們的勤勞神奇小精靈是誰？他們到底都做了些什麼事？

我們不得不承認，人們試圖要探討的這些暗中發生的活動，其過程和方法的名稱不僅非常「專業」，甚至有時聽起來還有些隱晦不明，例如，神經生成（Neurogenese）、光遺傳學（Optogenetik）、蛋白質合成抑制劑（Proteinsynthesehemmer）等。不過只要在專業圈子提到這些詞彙，所有人的眼睛就會亮了起來，就連那些在圈子裡長時間打滾、什麼都該經歷過的人也一樣。今日這過程發展得太迅速，用來形容的詞彙，已經用上原本只有藝術評論家才會使用的單字——「優雅」被用來形容手術的形式，「和諧」的是大腦區域切片，借助螢光纖維技術（Fluorescence Neuron）使神經連結發出光芒，好比現代藝術作品；「絕佳」或甚至是「巧奪天工」則是指可以讓整個腦部的細胞群，透過冥想啟動或者關閉的過程。

在本書的第一章，立即就會闡述這些實驗，試著藉由記憶每天不分晝夜協助我們的這種獨特性與特色，來幫助我們踏出邁向大門的第一步。即使到現在為止，在我們眼中，記憶基本上就只是個將學到的東西放進去，藉以保持新鮮的冰櫃，或是希望裡面一切都安然的公文櫃而已。然而過去數十年研究所帶來的新知，讓我們感到震驚，因此也尤其需要改變思考。我們愈加了解到記憶就某種形式上有著自己的生命，雖說有時我們還是會在記憶棄我們而不顧時咒罵一番，但我們仍必須認可記憶是個好幫手，然而記憶所扮演的角色卻難以被高估。但若非記憶在演化的過程中，讓我們能成功培養出人類特有的行為模式，以及對事物的記憶的話，或許我們根本不會有今日的成就。記憶最重要的靈活性，代表著人類發展往前邁進的關鍵一步。與智慧搭配，記憶便成為可靠的決策基礎。有了這樣能夠處理事情的新型態記憶，人類就會發現無須在事情後頭追著跑，而是能夠搶得先機。記憶開啟了人生，並將人領向一個嶄新的層面。如同我們現在所無法忽視的，記憶成為一個巨大的改變者，自過去當中創造出我們的未來。

我們想就記憶形成的不同層次來徹底探討這兩方面：一、靈活性，也就是記憶內容隨時可做的調整更動；二、生命智慧，指的是這些更動的最初動機。

如何在記憶的同時從中學習

讓我們先從神經生物學目前獲得最大成就的部分開始：記憶最小基礎物質的研究。第一個實驗也會相呼應並運用在分子構造上，也就是單一細胞、細胞間連結及重組機制上，而這些事物有其必要，才能在記憶留下痕跡。現在要我們想像，或許會覺得這根本像是魔術一般，把一個東西擺進容器中，再拿出來已非原樣。就記憶而言，我們當然無法指望原本擺進魔術師帽子中的是鴿子，再出來卻是隻兔子。然而在前後比較時，我們同樣會感到吃驚，感到訝異的原因在於有關重新喚起記憶內容的研究，基本上人類還只是停留在表態而已。我們花費許多時間了解「資訊究竟是如何進入到我們的記憶，並在那留下軌跡？」接著再提出軌跡如何定型，以及存放於何處這些問題。一直到我們認為對此有足夠的認識之後，才會再有機會更仔細去探討再次回憶時的進行過程。

最開始能想到的，當然就是走原本走過的路徑回去。換句話說，就是從堆放在那的存貨中，挑出我們所關心的內容，並重新將其展示出來，再將它放到我們所關注的焦點中心。但是，在記憶軌跡的再活化階段，事情並沒有那樣簡單。首先顯然是存放在記憶中的包裹會先被重新打開，原本固定且穩定下來的記憶軌跡再度變成易變的狀態，也就是這軌跡再度可以接受變更，至少理論上如此，而這也可能（但並不一定）會造成內容上的改變。

然而，無論在重新記憶的過程中發生了什麼，更改過之後的想法便會儲存下來，不會再跟原先的一樣。在重新審視的過程當中，更改過後的想法會被覆寫上去。我們每一次回想起那些以為是相同的情景，或者看似相同的事實時，其實所處理的都只是拷貝內容，拷貝那些在續寫的過程中因為重新記憶，而可能與原先記憶愈加歧異的內容。而每個新版本，每次都伴隨著重新再變更的可能性。所謂的「最後的版本」，其實都只是一系列之前的改變版本當中，排序在最末位的那個而已。

有些小說作家會用錢幣來描寫這樣的過程，當多人接觸並不斷轉手以後，記憶就會像硬幣的表面般，變得不再那麼清晰，原先鑄造的圖樣也隨時間消失。還有些作家則不將相同過程看作是場賠本生意，而是像作畫，每一次可能會多幾條線條，或多一些顏料。我們可以同時贊同這兩種觀點角度，不一定只能二選一。然而原先的錢幣圖樣變得愈模糊的話，要加上新東西或者增加內容的空間也就愈多。接下來幾章所想要證明的，就是這一切都有可能——從最極端的疾病及記憶喪失中發現的逐漸遺忘，到記憶的操作可能會導致我們試著有意識地刻意偽造文件，就像是比如它會要我們在法庭作證時，說出令人費解的自欺謊言一般。

從一個細胞到另一個細胞，連結究竟如何產生

現在來談談神經生物學及各項實驗。首先需要釐清，像學習與回憶這樣高度複雜的事情，其實是以非常簡單的過程結合做為基礎。每個思考活動，一定都以單一細胞之間的連結做為開始。這些細胞有著增生、排出及傳導等功能，甚至有時可能會相當分歧，而每個細胞最多都跟一萬個其他細胞連接在一起。負責往前傳導訊息的是源自希臘文稱之為「軸突」（Axon）的纖維，原意是「軸心」，軸突的長度可以很短，但是腦部某些種類的細胞也可以長達數公分。這些傳導軸稱之為「樹突」（Dendriten），來自於希臘文的dendron這個字，意為「樹木」，顧名思義是排列如樹狀，且如其名地有著分枝的情形。不過關於這部分的細節，本書不多加探究。

兩個細胞間的連結得透過「突觸」（Synapse）進行，這個名詞應該很多人都不陌生，源自古希臘文的synhapto，指的是東西在該處彼此交纏或有所接觸。若從解剖學的角度來看，突觸是個坐落在兩種細胞之間的縫隙，其位置介於軸突的末端，也就是細胞的向外傳導元與樹突的感應元，亦即接收訊息的細胞這兩者之間。突觸只有二十奈米左右的寬度而已，等同於二十毫米的百萬分之一，用電子顯微鏡才能觀察到。

再來說到訊息傳導，其起始點和終點一直都與電流的特性有關，從一個細胞產生了電流

到達另一個細胞，這都是由於電壓差異的緣故。更明確來說，這是種電壓的減少，專業術語稱之為「去極化」（Depolarisation），例如，約負七十毫伏特的負電載，會先減少負電度（至大約負五十毫伏特），等這負電子接近門檻值之後，就會放電，也就是細胞放出啟動的信號。要傳導這樣的電子波有兩種方法，不是細胞放電完全以電流形式傳導出去，就是藉由化學過程進行傳導。因此，突觸有兩種不同的類型。

先從電突觸討論起，它在大腦中並不常出現。將輸出及輸入神經纖維連結在一起的方法，可以想像成是用固定接頭將兩個管子連結起來，在專業術語中，這種連結稱為gap junction，指的就是傳導電流的管道密合地互相連接，其優點在討論到內部神經元的時候還會再說明。總而言之，透過電突觸，我們便可以進行溝通。

而化學突觸這部分，其過程又更為複雜。電子信號會排放出一種化學的信息物質，這物質到達突觸裂縫的另一端時，又會再造成電流反應。究竟電子訊號是如何在轉變成一種化學反應後又變回電子形式，在此無法完全解釋清楚，僅簡單說明：細胞的電子訊號會起作用，使其尾端產生開放性通道，而這些開啟的通道會有載電的粒子湧入。這造成的結果就是存放在氣囊（Vesikel）中的信息物質（神經傳輸元）被排放出去，這些物質會填滿突觸的裂縫，並再度聚集到隨之啟動的細胞其相對應的感應器上。在這過程中通道又會再重新開啟，而載電粒子便能透過這些管道，流入之後存放的細胞處。

這些細胞當中，大部分會釋放出信息物質「穀胺酸」（Glutamat），並對隨後的神經細胞造成刺激作用。百分之十到二十的細胞則是利用信息物質「γ-胺基丁酸」（縮寫為GABA）對之後啟動的神經元起抑制作用。

除了這兩種神經傳輸物質外，還有一系列所謂的神經調節物質，這部分有很多已經是媒體上時有所聞的名詞，像是：血清素、多巴胺或者乙醯膽鹼等。透過這些調節物質，不但能啟動及關閉反應，還能達到其他效果，例如，讓我們感到放鬆及滿足、提高活動力並感到欣喜若狂，或者這些物質也能提升我們的專注力。

最後再來談談這化學傳導穿越突觸隙縫的速度。大家或許會認為這過程可能相當緩慢，畢竟考慮到這些東西流進流出、還有傳導的發生，以及所有變化皆需要遵照極為嚴格的順序——然而這些過程，只需要千分之一秒就可以完成。

會共同釋放出電子訊號的細胞，就會彼此連結

如今我們已經具備所需的一切，以進行每回學習的基本操作。二十世紀中葉，加拿大心理學家唐納德．赫布（Donald O. Hebb）曾提出一條相應的規則：「會共同釋放出電子訊號的細胞，就會互相連結。」（Cells that fire together wire together.[1]）根據這個原理，學習會透

過某種形式的聯想來進行。如果不同的神經細胞同時受到刺激，而且彼此之間還有著連結關係，那麼這連結就會透過神經元同時釋放並強化。

這規則非常淺顯易懂，大意就是我們在學習時，會將不同的東西之間建立起連結，並將同時出現的事物串聯起來，例如，一件物品的特徵，像是幾何圖形之類的（四方形的直角），或者像是雨水及淋濕的馬路、有個特定發音的詞彙、有個特別畫家簽名的畫作等，所有東西都有可能。

這些聯想的產生，可以從分子的層次仔細追蹤。在這過程當中，將細胞連接起的那些突觸會受到強化，也正因為如此，所以完成它們也會同時釋放出電子訊號。這樣的強化，許多不同機制都參與其中[2]，舉例來說，已經存在的通道，透過磷酸化的發生[3]，其表現能力可以獲得改善。除此之外，只要幾分鐘之內，新的感應元就會內建到要強化的突觸裡面。而這部分首先會從已存在感應元的候選資料庫裡面去找[4]，必要的話，也會打造出新感應元，或以行話來說「新製（**de novo**）合成出感應元」。

在某些突觸，可能會準備較大量的神經傳導元[5]，許多東西都參與其中，且經常帶有相當複雜的交替作用。不同細胞間的記憶連結，也可能造成不僅只有已存在的突觸受到強化，新的突觸也會產生[6]，甚至是生成新細胞——至少在對我們記憶而言非常重要的區域是如此，也就是所謂的「海馬迴」（**Hippocampus**）內部。這一點我們會在討論老化的章節再討論。

到目前為止，都還算容易理解。總而言之，學習就是把屬於同類型的東西，認定為互有關聯。然而，無法如此容易就解答的是：「我們是如何開始學習的？如何構成記憶形成的第一步？」我們從早到晚會遇到許多事，它們都會同時或以共組的形式呈現在我們的感官之前。然而要全部記起來並保留於記憶中，我們還離這一步很遠。很顯然，學習是跨越極為特定的障礙的第一選擇。發生的時機就好比是某個特色及物品，以簡單、一再重複且同樣的方式出現在我們面前。我們就是這樣用心學習詩詞，不斷重複背誦，愈常用固定順序將詩詞念過一遍，就愈有機會在某一天一字不漏地背誦出來。而在細胞的層次上也有著合適的機制，就是在足夠且頻繁地重複到可以跨越一個門檻次數後，學習的機制才會真正開始運作。這便是唐納德．赫布所提出的想法。

不過，相同的過程不斷重複，只是能啟發感官學習過程的眾多方法之一，其餘一些情感，像是恐懼或獎勵也同樣有可能。另外驚訝和全新的經驗，也可能有助益。我們在這時所遇到的東西，會比較容易記下來，也記得比較牢。舉個例子，比起沒什麼特別事情發生的時間，通常我們對意料之外的好事或突然發生的壞事會比較有印象。如果回到細胞的層次，這代表來自腦中不同區域及網絡的不同細胞已經活化，目的是為了排除學習時的阻礙。

剛才所舉的兩個例子很容易就能套入演化的模式中，動物的學習也需要經過相似的選擇過程，才會正式啟動。一個人經常性地一再看見某樣東西，該事物遲早會產生意義，這就跟所有與恐懼、逃亡、獎勵或降低生存困難有關的事物相同。然而身為文化的生物，我們也必須認識其他可能會對學習造成挑戰的外界力量。這麼一來，個人生命故事扮演的角色就像是對思想和美學及其他種種問題的探問，文化史則為我們心智開拓新的試驗領域。

現在再從學習來到記憶。在成為回憶之前，還有些複雜的過程參與其中，這邊所要說明的是管理。我們所習得的事物在一開始記錄下來的地方並無法永久保存，至少大部分是這樣，而這主要跟空間有限有關。我們的大腦靠著大腦皮質得以擁有一個巨大記憶體，其容量估計為兩PB（一PB等於一百萬GB）左右，這比電腦所能提供的記憶空間還要多兩千倍，而我們所學得的東西，（大多數）必須傳送或轉載到這個記憶體當中。這是如何發生的？更重要的是在何時發生？這部分在下一章會有較詳細之討論，這裡只先提供一個粗略的流程模式。

在所討論範圍內，重要的區域就是書裡會一再提及的海馬迴。海馬迴是兩個成對的部位，約數公分長並有著彎曲結構，位於左、右半腦對稱的位置，它屬於所謂的「邊緣系統」的其中一部分。聽過這個名詞的人或許知道，在演化的層面上，邊緣系統在腦部當中比大腦還更早形成。也因這部分的基本構造，我們與許多哺乳類動物維持著共通性。講到「邊緣」這兩個字的拉丁原文名稱「limbus」，意思就是「邊緣」，指的是中腦特定核心周圍一圈環狀的結構。而海馬迴的原文「Hippocampus」也是拉丁文（詞根源於古希臘文），直翻就是

「海馬」這種動物。人類的海馬迴，大小及形狀確實就跟同名的海底生物相同，而近來藝術史學家在古歐洲的水井裡，發現了可能是海馬形狀的圖樣，這也許對文藝復興時期對腦部這部位的命名有影響。

蛋白質合成發生在出乎意料的地方

再回到過程，所學知識都從海馬迴延伸、通向大腦皮質的儲存區，當重新回憶時，儲存在該處的記憶軌跡就會重新啟動。在這過程中，海馬迴所參與的程度，目前還沒有具體的結論[7]。

回憶的最後一個階段，便是本章開頭已提過的那些令人驚訝的事。回憶的核心不只在於將記憶內容調出而已，更確切地說，是共同放出電子訊號的神經細胞，其特定的重組或流程模式[8]將重新啟動。那內容及模式會在重新出現的過程中，同時受到變更或重組。換言之，特定的突觸連結會再次受到強化，或者剛好相反地受到減弱。重組也發生在回憶時，像是它也參與第一次學習一樣。只不過現在，我們必須將其視為某種額外形式的學習過程。已經存在的連結會再度變更，細節也會進行事後改善及更改，而這改變的基礎，可以稱之為某種調整。很顯然，記憶會在這段期間進行整理，對應那些新增加的，或甚至是正在我們眼前出現的印象。

因此我們的認知便會在每次重新回憶的過程中，以上述的方式進行更新，每次的更新過程，也會進行重建工程。為了要進行重建，細胞的基本成分（在我們討論的範圍是指蛋白質）就必須產生或者添增上去[9]。經研究得知，此一過程發生於負責接收信息訊號的感應元端。蛋白質合成在突觸階段後發生，並導致受體細胞內現在產生一個更強的電子訊號，這有回憶時的蛋白質合成可做為證明。我們記憶時，沒有任何東西能維持原先的狀態。在那過程之後，我們得到的不只是原本就知道的事情，更同時將一些新東西增加至記憶，而且還是原先記憶中所不存在的事物。

將這樣的結果攤在檯面後，一切就變得一目了然。然而我們是否能更進一步地問：「我們怎麼會在那裡開始搜尋呢？」甚至更驚訝的是，我們對於記憶的樣態怎會產生底下這種不可能的看法：回憶並非記憶的固定組成成分，它其實是一種易於變更，幾乎是流動性的媒介。

遺忘的軌跡

如同心理學及神經學的新發現通常都開啟於一個病理學上的關聯，也就是某些形式的功能失常或者疾病。在我們的討論範圍內，大家所思考的是，如何幫助從悲劇事件存活下來後不斷受到記憶侵襲，今日我們稱之為患有「創傷後心理壓力症候群」的人。研究者所想出的治療方法，就是盡可能避免恐懼的回憶不斷侵襲上心頭。

這當中以電痙攣療法治療的經驗，開創了一條道路，也就是一般大眾口中的「電療」。在施加強烈的電流（與腦波的極低電壓和電力相比之下）之後，會發現某些特定時間所留下的記憶消失了。雖然一開始這只被當成是非預期內的副作用，但之後便被試著用在醫療方面。接著又做了另一個實驗：若在經歷一段令人反感的記憶後，便馬上給予電擊的話，會發生什麼事？實驗結果很成功，這段不快的回憶不會被保留下來，不會進入到長期記憶中。

接下來，科學家也嘗試將同樣的刪除過程，套用在藥理學的基礎上。如同我們剛才描述所推論出的結論，在回憶的過程中會導致蛋白質再次合成，而現在重要的就只是阻礙其發生。這實驗在老鼠身上進行，人類將牠們訓練至能解決簡單任務的程度，例如，獲知障礙迷宮中的某處有飼料正等著牠們。接著將一種細菌性的抗生素注射到牠們的海馬迴，以阻礙蛋白分子（以及新感應元）在細胞中生成，結果也證明了這個假設是正確的。若在記憶形成的過程後，馬上施打此一抗生素的話，記憶的效果就會顯著地降低。如果在訓練的六小時內，再次施加這種合成阻斷劑，效果還會再持續下去。不過在那之後，阻斷劑就不再有明顯的效果[10]。

然而，我們必須對這個實驗先打個問號，因為無法確定它是否真的證明了我們想要的事實，其中有兩個理由：實驗所施打的這些抗生素物質，無法只打在某些少數的細胞上，而會擴散在整個腦部區域內，甚至蔓延出去。在發揮活性之後，蛋白質合成會像我們所了解般地受到阻斷，亦即發生在感應端通道以及之後受到啟動的細胞，就是所謂的後突觸。然而不只如此，這些物質同時也會阻斷許多其他形式的細胞生成以及重組。

而有關「新增回憶」（專業術語為「再固化」）之理論，並不只因此而長期引起爭論，同時還出現了其他解釋以說明同一現象。例如，有人承認在記憶內容重新調出的同時，確實會有蛋白質進行合成，但這些人同時也提出論點：這樣的蛋白質合成，實際上開始於所調出的記憶內容。因此，是否真有可能藉由已證明之合成過程，直接製造出新的記憶內容，而非改善舊有的記憶呢？

另一替代假說為：那些變化不應溯因於學習新事物，反而是因為刪除。不是在上面多添加幾筆，而是將已經存在的直接抹滅。而負責造成此現象的同時，又再產生一個新的學習，稱為「消滅式學習」（extinction learning）[11]。另外，最後還必須再承認的是，學習過程是從單一且相同之記憶開始的。然而同時卻也可以懷疑，這樣的學習，是否真發生在重新記憶的時刻？是否有可能在之前便已發生了？很顯然，這樣的想法只是將所討論的問題，在時間上往後推而已。因此，我們必須先找出對應記憶重建的原因才行。

不過，雖然有這些反對的理由及實驗上的困難性，但再固化的理論還是普遍受到認同[12]，其中一個重要原因，就是因為新實驗可以操作那些在記憶內容形成之時必須要活化的細胞。這部分我們會在下一段落進行討論。

按鈕式記憶

現在我們要討論一個非常特別的實驗及方法，第一次聽到時，由於名稱聽起來如此不真實，以至於懷疑是否真的有人會去嘗試，或者更無法相信這樣的實驗最後真的能成功，它是「光遺傳學」（Optogenetik）。而參與這種革命性科技的重要研究者們，更因此奪得二〇一三年的歐洲腦部研究獎[13]。

這方面的先驅性研究是由生物物理學家彼得．黑格曼（Peter Hegemann）及恩斯特．班堡（Ernst Bamberg）兩人所進行，原理是將基因控制的技術與光學效應結合，據稱在基因方面，細胞將改造到能藉由光線來影響的程度。具體來說，這代表的是細胞可以裝上開關，而且是電燈開關，但不是指會讓細胞發光的那種，而是指透過光線使其開始或結束作用。某些有特別功能的細胞，也因此可以受到遠端控制。我們可以任意啟動或關閉這些細胞的活動性，而且就算你接觸這主題時沒什麼想像力，但有件事卻是從一開始就可以確認的：這方法可以運用在每個情況。如果不是很清楚某個特定細胞類型實際上的運作，或者這種細胞實際上到底是負責些什麼的話，那麼就可以利用光遺傳學將感光開關打開，並觀察其活動。

本書首先要就記憶方面去驗證，我們挑選了最有趣的一點，也就是成功地將單一記憶內容輕鬆打開，然後又再關上。實驗中的老鼠，原本知道該走哪一條路可以成功吃到飼料，但開了燈光訊號後就忘記了；而接下來再出現相反的訊號，老鼠就又知道哪一條路有飼料。還沒聽到更詳細的解釋前，或許各位的心中已經燃起希望，甚至開始幻想著可以透過這種方法，將自身的一些不愉快回憶輕鬆消除，畢竟人類非常擅長回想折磨靈魂的事，像是失戀、嫉妒，或者更糟的東西。但可惜的是，要達到這程度還很遠，目前研究也還很有限。在本書編輯結束、更深入的相關研究文獻出版之前，我們只能期待，或許遠超過我們預期的新可能性很快就會成真。而如此一來，光遺傳學也只不過是個過渡階段而已。

不過，我們仍必須按照順序來解釋，首先，該如何想像將感光開關裝到細胞上？這個開關又是由何所組成？關於後者，在這裡先說明一下，有的細胞會對光感應，且在人類身上就找得到一些這樣的細胞，例如，在視網膜上就有，進入眼中的光線會導致視網膜上的特定細胞開始進行化學反應並放出電子訊號。感光細胞在其他生物身上也找得到，同時還有著除了光學外的其他任務，像是視覺或者辨認物體等。這些細胞能協助辨認白晝還是夜晚，或者幫生物朝光線導向，比方用來獲得能量。這些用於光遺傳學目的的細胞原本源自於藻類及細菌，至於為什麼會特別選用兩者，則是技術上的考量。在專業術語中，馬上要新加上的是將這類感光的蛋白質稱之為「視蛋白」（Opsin）。目前大多數的實驗都是以「光敏感通道」（Kanalrhodopsin）這種會對藍光反應的視蛋白來進行，但是近來也已出現許多會受到其他波長的光線活化的這類分子[14]，藉由其幫助才能讓細胞在不同時間長度下啟動及關閉。

現在再回到問題，新的感光開關是如何安裝到目標細胞，或想要的細胞類型上呢？這是藉由高超的技術，利用（無害的）病毒將基因資訊運輸到特定細胞。細胞的操縱則是藉由連接到細胞的玻璃纖維導線，同時並以植入的LED燈進行實驗。描述到這裡，為何光遺傳學還無法成為適合運用在人體上的技術，原因已經清楚了。因為即使訊號是透過光線施加，還是有一部分得靠裝置電路，或者以專業術語來表達的話，這樣的技術方法是侵入性的，得從頭蓋骨底下進入到腦中。

不過，近期又出現了新的報導，指出光遺傳技術已經無須侵入性、只要直接的生理接觸就能夠運用。不久前，已有研究成功地將一隻老鼠腦中的細胞透過光線活化，經過耳道及與其連接的迴圈，將光線從外面導至受操縱的細胞處[15]。

若這些方法根本不需要多餘的光線，就能開關腦中受基因操作細胞的話，將會更加精細。這段期間內（目前這還是最新消息而已），已能夠藉由特定的腦部頻率，也就是透過特別模式的電流刺激，來達到相同的效果。而如今還增加了不一定非得從腦部進入，便能驅使特定腦部功用啟動及關閉的大腦電流進行模式的小技巧。腦部本身就可以造成此一作用，像是在啟動模式及特定休眠模式時，透過冥想就能製造出這樣的狀態。因此我們能想像只透過特定心理的操作，卻不用動任何一根手指或按任何按鈕，只需藉由特定形式的注意力集中，就能啟動及停止特定的腦部功能[16]。或許就連寫間諜故事的作家，都無法想像人類會進步到如此的程度。不過對於這些可能性在未來所代表的意義，我們暫時仍不敢懷抱過分美好的想像，只能期待人類可將這項技術運用在醫療上，而非濫用於其他用途。

看到這邊，我們的思緒已經飄到遙遠的未來（但這也可能是在不久的將來），所以現在再簡短回顧一下重點：關於進入大腦程序的化學手術，新技術能同時結合速度上的優勢。藥理學的物質需要一段時間才能擴散至組織當中，並開始發揮作用，然而在千分之一秒內的細胞放電過程中，若想進行純粹化學性操作的話，那麼裡頭則還有許多是人類所不了解的。至於準確度方面，新的技術方法也遠優於之前。注射進去的化學物質不只會結合在特定的細胞或細胞群，也會結合到很多其他的細胞上，只要透過極細微的基因操作，就可以準確地捕捉。而就鎖定網絡中四處散播的單一細胞群這方面來說，相對於細胞的電流刺激也有著許多的優點。

關於實驗的細節及其細微處，還有一些能再加以說明的。舉例而言，一開始讓大家所開心的是，我們總算能夠遠端操作心智，例如按個鍵就讓老鼠左轉，並且一再將牠從筆直的路拐出去。再接下來，大家所研究的則是恐懼感受的操作，如何能操作單一的記憶內容，或者是記憶內容究竟如何從虛無中產生。在這方面，研究已經能成功將對恐懼的想像轉移出來。若實驗的動物在特定的實驗架構中感受到恐懼，在其他原先不會讓這隻動物覺得受傷害的地方，牠也會開始同樣表現出害怕。而藉由光遺傳學的幫助，能夠輕易擴大恐懼的時刻[17]，而透過同樣的技術，也就是完全由人工產生[18]，最後也能喚出無來由的恐懼感。

大腦裡的指揮家

現在我們要在思索的步驟上再跨越一步。本章所探討的是人類自記憶工作的成果中，自行創造出初步的整體印象。大家已經知道在基本的層面，記憶遠比我們通常所認為的更加具有流動性，而現在要來到更高一級的層次，進一步要提出的問題是：「我們該如何處理這流動性？」如果記憶的基本組成，其本質不僅多變，還可以推移，它們彼此之間該如何配對？怎樣能避免重複？又是如何整理記憶內容？

這樣的觀察將我們帶到中等的功能層次，此處會討論某種形式的管理，稱為「遊戲控制」（**game control**）。之所以叫這個名字，是因為現在的主題是讓不同的記憶存入內容時，不僅不會互相干擾，還能夠互相搭配，就像在遊戲中互相掩護一樣。

到目前為止，一切聽起來仍很抽象，甚至還有些管理的味道，讓我們馬上來進行一個實驗。大部分接觸過哲學或形上學的讀者，有可能已經看過下面的這幅插圖了。奧地利裔哲學家路德維希・維根斯坦（Ludwig Wittgenstein）曾以這幅「鴨兔頭」，成功證明了整體的世界觀。現在先來看看這幅圖片：

你看到了什麼？單用一種方式來看這張圖的話，所看到的就會是個嘴巴往左的鴨子頭；但若用另一種方式來看，則會變成一隻耳朵向左、嘴巴在右的兔子。到這裡還沒有什麼了不起，因為在較無單一解讀方式、模稜兩可的圖片當中，先用一種方式看，再用另外一種方式看的話，的確兩種圖形都可以看得出來。不過現在真正的挑戰來了，這挑戰甚至讓心理學家跟哲學家都頭疼不已。現在試著從圖中同時看出兩種圖形，也就是看圖的瞬間，就得看到一顆鴨頭跟一顆兔子頭。

你會發現不管再怎麼努力，像是運用心靈之眼一樣，想將兩個層面呈現在眼前，就是沒有辦法。你不是只看到鴨子的頭，就是只看到兔子的頭而已，就算圖片以很短的距離翻轉過來，也因此改變了意象，但還是無法同時看到鴨子和兔子。甚至我們在不一樣的意象中看到了同樣的部分（也就是中間既是鴨子，也是兔子眼睛的那一點），也無法在一瞬間把它當作兔子的眼睛，下一秒就把它看成鴨子的眼睛。

若問為什麼會這樣時（可想而知一定會這樣問），即表示已經進入了遊戲控制的過程當中。我們之所以缺乏同時將一張圖的兩個層面化為現實的能力，跟感官特殊的運作方式有關，而這也就是我們在感受或存入記憶時，保留在感官中的究竟是什麼。在「鴨兔頭」的例子裡，先看到的是我們剛接觸過的形象，亦即跟表象有關，也就是我們認得出形狀的東西。在記憶中已有存檔的情況下，黑色眼睛點的分布便會自動勾繪出特定的形象或記憶痕跡。

接著麻煩就來了，因為同樣的黑點分布或者線條輪廓，也可能與兩個已經存在的圖形連結在一起，就好比一個就是聯想到兔子的頭，另一個則是鴨子頭。而如果想要圖像化想像，就只需要延長連接在頭部圖像上的線就可以。例如，如果我想像在頭部底下看到的是個兔子身體的話，那整幅圖像就會是隻兔子；換成是鴨子身體的話就會是隻鴨子。範圍更廣、而且比那些可見線條有著更多虛線點的圖形模式或記憶軌跡，便會確立出圖案。為了這目標，就必須在想像中多看到一些東西，例如，兔子或鴨子的完整圖案。

截至目前為止，感官知覺及解讀都還不算真的困難。原因如同方才所言，一直以來，我們都要隨著時間流逝才能對事物所產生之印象、其不同的層面或者細節產生了解，試想如〈蒙娜麗莎的微笑〉這樣的名畫，細節也同樣都要看了第二、第三次才真的有所體悟。對事情的觀察愈久並隨之前進，對其之理解也會增加，這不是件壞事，我們需要的只是將事情一層一層解決，並逐漸進入細節。每個需要理解的關聯，都會存在著一個誘發刺激，讓特定的圖像解讀參與進來。

在鴨兔頭的範例當中，有趣卻也同時令人困惑的是：不同的兩個誘發刺激，竟然可做為同一個指示圖像的基礎原形。從物質層面來看，至少圖案有同樣的點和線條，以及同樣的輪廓、弧形及轉折，但這樣的圖形卻在不同人心中創造出了兩個截然不同的圖像詮釋。因此我們無法說看到的是彩色圖案，想到的就是兔子，看到的是線條，那就是一隻鴨子。

如果造成完全不同圖像詮釋的，必須是同樣的誘發刺激的話，那從我們的實驗當中可以學到關鍵性的一點，那就是同個瞬間，只可能存在一個特定的圖樣形狀。另外一個與其競爭的，至少在同一時刻無法出現，必須到另一時間點才有別的想像圖案可以留存下來，但這又是再犧牲其他可能性所換來的。不是兔子就是鴨子，但是絕不可能兩個同時存在。科學英語從撲克遊戲的術語中借了個詞來命名這個效應：「贏家全拿。」（Winner takes all.）這邊的

「全部」在例子中所指的就是專注力，只夠全部放在事物的單一層面，而沒有多餘空間可以再容納其他選項或者新增加的層面。

工作記憶的幕後推手

在圖像顛覆之前，還需要聚焦另一個問題：「在同一個想像畫面上，需要專注多少時間才可以？」這個問題至今尚未有定案。不過或許可以直接在家裡測試看看，但由於我們的手指可沒法快到能停留住時間，因此這部分還是得仰賴腦部研究學者沃夫．辛格（Wolf Singer）的研究。他的研究以知識形成的電子程序（或者更準確來說是電子生理學程序）為主，尤其是連結問題，這部分所指的是細胞做為感應器所捕捉到的不同特色，例如，顏色、形狀及動作等，是如何被組合成一個一致的印象？舉個例子，紅色、圓形、靜止不動等於氣球。連結（英文術語為binding）究竟如何產生，才是真正的問題，這對解決我們專注力的問題來說非常重要，而辛格為此提出了合理的解答。

辛格（與他的團隊）發現，不同特徵的印象輸入，組合成上層等級的圖樣，與時間上的先後順序，及感官處理的獨特步調有所關聯，而這也會導致大腦中韻律性活動的形成，其頻率可以透過腦電圖（Elektroenzephalogramm, EEG）以腦部電流的形式測量，而直接透過腦部電極的測量結果又會更加明確。辛格特別研究了在視覺皮層，也就是處理我們視覺印象的部位所發生的震盪過程[19]，經證明，其中四十赫茲的頻率（也就是每秒震盪四十次）尤其重要[20]，這種頻率也會發生於海馬迴，以成對（或者更正確來說，是彼此依附的形式）產生，其中最特別的是，震動的區域於四至十赫茲時會出現在所謂的θ領域當中。當齧齒類動物在專注檢視或探索著某一片區域時，就會出現θ區域的腦部活動。這部分在原實驗中會有更加精準的敘述[21]。

透過頻率的測量，讓我們得以一探這兩種狀況。由於在四十赫茲的頻率時，不同特徵感應元產生結合，這也明確顯示出需要超過百分之二秒的時間，才能產生一個關聯性的想像畫面。從四十赫茲頻率的依附，進入到θ區的頻率（也就是四至十赫茲）所繼續產生的結果，是只有固定數量的結合過程，且可以在一瞬間產生。因此只要稍微計算一下就知道：人類同時可以處理的資訊數是在四到十中間。而且由於所出現的頻率並非θ區域的全部，現實情況下，我們只能處理五至九個資訊。

現在看來這只是個計算起來很抽象的單位，然而在我們日常生活及學習方面，其重要性卻不容小覷。因為大約七左右的頻率商數，恰巧也就是人類可以接收工作記憶的物件數量[22]。大家也可以實驗看看，我們無法同時吸收及處理超過五至九個不同的訊息單位。把一張畫了圖畫、寫了文字及片語的紙，在你的枕邊人面前晃一下，接著馬上問對方還記得上面有什麼東西。依照能力、資訊複雜性的不同（以及很不幸的還取決於年齡，因為這能力會隨著時間消逝），記得的東西也就是剛才所說的五至九樣。

不過腦部研究並非得到了上述的頻率過程後，才知道這樣的限制。在那之前，就已經有心理學家在許多的實證測驗中發現了，其中美國知名心理學家喬治・A・米勒（George Armitage Miller）早在將近六十年前，就已經將「七加減二」介紹為一個「神奇的數字」[23]。神奇的原因在於無論我們再怎麼努力，也無法一眼就將超過這數字的資訊單位保留在腦海。如同我們今日所知的，其原因是源自可互相比較並彼此關聯。而被命名為7±2的米勒數字對我們的學習過程而言，幾乎如同宇宙的光速般，是絕對的速度上限。要再更快地將東西記起來，人類並沒有那樣的能力。有些科幻作品正嘗試著要跨越這限制，像是企業號太空梭藉由曲速引擎的幫助，已經可以飛得比當初愛因斯坦所發現的速度上限所允許的還更快了。也因此，《星艦迷航記》裡的史巴克擁有超能力（這也要感謝他的半瓦肯人血統），只要將手指放在他人的太陽穴上，就能將那個人全部的記憶下載下來，光是想到從其他人身上讀厚重的書所花費的時間，這點就實在讓人稱羨。

米勒測試出人類理解能力的有限性時，在那背景情況下所討論的，仍是我們短期記憶的表現。如今從工作記憶延伸討論的話，已能用較為準確的文字表達了。這七加減二的公式，不是從難以記錄事物的情況下所產生，而是在我們還達不到能同時處理那些事物的情況下。

準確來說，在工作記憶方面所討論的完全不是記憶，只是相對寬鬆的定義，那就是我們能同時在腦中記下事情，而這確實也只有在前述的範圍內才可能發生。

聯絡神經元在區域網絡內擔任發送機角色

現在再回到腦細胞研究，我們要問的是：「究竟是誰、是什麼在負責時間管理，也就是我們工作記憶的根基？」顛覆圖像的運作方式以及米勒數字這兩者的發現也已經有一段時間了，此時我們想了解的是，透過新實驗方法的可能性，會增加哪些新發現。如同標題已說明的，我們正在找個發送機。這邊要先提到的是，大約在十年前，當時還無法呈現如今所要提出的成果，然而相關研究有多重要，光在醫學臨床方面就能說明——以此為基礎可以推論出，與我們的發送機有關的功能異常，會導致如癲癇、自閉症及精神分裂等嚴重的疾病。

為了替我們特殊脈衝的遊戲控制找出合適候選人，人們於是在形成記憶重要過程中的區域內四處搜索。一如我們所知，這人選就是海馬迴，而現在還需將視野進一步拓展到其相鄰的區域，其中也包含了「內嗅皮質」（Entorhinal Cortex），這區域幾乎與大腦皮質的所有區域連結在一起。感官輸入會全部聚集到這裡，然後同時先做分類及整理，以在隨後於海馬迴的特定區域內，為記憶形成貢獻一己之力。

在探問處理程序的脈波時，我們辨認出了一種稱之為「聯絡神經元」（Interneurone）的特殊神經細胞，這種細胞的特色之一是其軸突並非自本身所主控的區域網絡延伸出來。該處的每個聯絡神經元，都會有五至十個細胞。而必得用於網絡的高準確脈波決策機制非常複雜，我們只列舉一些相關的特徵。首先，對其他細胞有著抑制作用的神經元，也如同我們已知的，會於其突觸位置與神經傳導物質GABA共同作業；其次，在本身的突觸中，還有某些能夠更快起作用的接收元。若對更詳細的關聯性有興趣的話，那麼這邊所發生的是指變動過的關閉時間，以及整體加速的（離子）通道動力學（Kanalkinetik），也就是對信號所能做出反應的速度。不過由於這些過程非常複雜，因此先在此打住。

最後，聯絡神經元還顯示出一種特性，也就是同時具有化學突觸及電突觸。這一類突觸的存在於本章開頭提及所謂的管道連結時已經說過，其附帶的優點之一，是比化學突觸能更快地將訊號再進一步傳導出去。簡而言之，以調節形式出現，並進行抑制作用的聯絡神經元，與受刺激的細胞產生交互作用，它的特性能讓區域網絡所希望達到的同步更新最後得以成功[24]。

可以將其想像為某種乒乓球效應，產生出我們所討論的頻率。若像是以基因關閉管道連結的手段，去刻意干擾聯絡神經元的特定功能的話，便會造成功能異常，特定頻率區的系統活動無法再正確協調及同步化，發生這種事時，也需要注意到短期記憶會跟著受到限制[25]。

超級指揮家如何在不同樂器間努力協調出合奏

就研究而言，目前為止我們都還在安全的領域內移動著。有個現象是大家都認識，並且可以理解的，就是我們短期工作記憶的瓶頸現象，而且我們會解釋，我們有多麼需要設想基礎的連結過程和它們的時間順序。聯絡神經元扮演著節奏指揮及組織者的角色，借助著震盪，在正確的時間點（百分之一秒的時間內）造成正確的細胞之放電程序，這程序能讓特定的網絡產生連結，為永久記憶軌跡的形成奠定下基礎。

不過在這一章，我們還想再跨越到記憶的日常關係這部分，並先對生命問題有個初步的認識。為了此一目標，要先介紹一個還很新穎的科學發現，以及還在探索階段的相關未來遠景。這是我的團隊在兩年前發現的成果，將做為這些想法的起點[26]。

焦點又回到聯絡神經元以及與海馬迴和內嗅皮質之任務有所關聯的部分。首先是下列的基本想法：某種形式上我們可以將聯絡神經元視為指揮家，至少就其發號施令的功能，看來是如此。這比喻或許有些不正確，畢竟聯絡神經元不只是一個拿著神經系統指揮棒的角色，就細胞的層次而言，顯然不可能真的有什麼樂譜或計畫在那，讓指揮細胞細讀以後，再跟錐體細胞合作將其轉化為成果。所以請不要誤解，再次強調，這邊討論的只是時間上的協調而已。

在此實驗中，我們不得不問：「那又是誰來指揮這名指揮呢？網絡區域的節奏是其中之一，但另一個問題是，不同網絡間又是如何合作，並在時間上受到協調？」

而我們也無法期望，會再有抑制性的神經元（也就是在更高程度的操作上），去協調那些在區域部分負責正確節奏的聯絡神經元所進行的工作。畢竟就如同之前所討論過，有一件事是確定的，就是聯絡神經元的作用受到區域性的限制。因此要想協調不同區域內的聯絡神經元的話，彼此距離並不近的它們就需要更多長型連結（**long range**）。

在進行以光遺傳學為基礎的實驗時，實際上也發現這些指揮家當中，有一些裝備了長型的軸突，也就是說，它們可以發射到腦部空間的所有範圍[27]。這種長型連結，我們是從又稱為「投射神經元」的放電細胞所認識到的，此細胞會將資訊從腦部的一端，傳送至另外一端。然而我們新發現的這些細胞，卻會對之後所活化的細胞產生抑制作用。與在區域發揮作用的聯絡神經元不同的是，這些細胞操縱的不再是旁邊的錐體細胞，而是距離很遠的聯絡神經元。換言之，這些細胞以固定節奏操縱那些在區域網絡裡發號施令的神經元。

再回到未來的展望，在新發現的超級指揮家這部分，有些事出現了可能性。因為有許多不同的網絡都必須一起在大腦同步化，包含感官及肢體協調、思考及感覺、想像及記憶等，而在這一章所探討的是對生命整體性的影響，因此我們便大膽地猜測，遠距投射的節奏決策者，似乎是個合適的人選以負責不同的能力和才能。而之所以需要協調，是為了將我們不同領域的表現及天分帶至某種形式的平衡狀態。若這平衡受到干擾，就會導致諸如自閉症這類的病症，如此一來，在某處就會發展出一種遠遠超過平常的特定能力。然而那樣的發展要產生，所付出的代價便是其他能力無法以同等程度發展，而不同能力及其執行之間的協調也會隨之變得困難。另外對於自閉症患者，同樣也不容易的是，得從他對自身事物的內在看法中解脫，並深入至他人的領域內思考——與其驚人的特定才能相對的，是妥當處理日常生活的困難。

如果功能缺陷對這些超級指揮家而言，確實是造成自閉行為的成因之一，那麼在這邊，我們可以從中推論出一些對我們記憶的基礎組成有所啟發的資訊。在我們生命歷程的角度上，也會顯示出：記憶不只與添加性學習及知識的深化有關而已，也與處理生命課題所需的不同層面交流有關。曾經跟自閉症音樂家有過接觸，並見證了他們只聽過一遍旋律，就能完美演奏重現出複雜樂譜的本領的人，一定會想像著這樣的能力有多麼的顯耀。但是這些特定能力就算再怎麼卓越，若沒有與其他才能達成一定的平衡，也無法讓生命的邁進變得更輕鬆。

有鑑於此，我們的記憶也肩負著平衡的任務。這表示，其一，在工作記憶方面所顯示的，是先將不同的層面及理解途徑清楚地分別開來，好讓每個才能各自邁向成功；其次這代表的，也等於創造出前提條件，讓不同層面不會反向地彼此妨礙，好讓彼此長期共存。而記憶在此處，某種形式上發揮著帶位者的角色，致力讓我們的知識及技能足夠優秀，且以足夠智慧的方式建立起來，如此一來，人生的道路才能走得順遂。

自傳式記憶

在前一段的結尾，我們帶著推測的遠景，跳躍一步到了最高層級，而在這個層次中，可以特別針對記憶提出問題。此時要討論的不再是單一的組成成分，或者可使用的工作計畫，而是整體的概念，那就是：「記憶如何促成我們生命的規畫，並以有意義的方式成功？」

一如以往，在考慮這件事時，先思索演進史會有所幫助。到底怎麼能形成這種又新又具挑戰性的記憶形式？要討論這個，就必須先了解，這邊所涉及到的是重組作用，亦即某個答案的投射。這個答案的假想雖有著好理由，然而就嚴格的定義而言，並無法在其定義中證明出來。

今天大家一致認為，在從動物發展到人類的過程中，某個時候發生了大躍進。大腦的容量擴充，特別是在前額葉的部分，此外某種記住事物的新能力也跟著組成。以前只能記住像是哪個地方可以找到食物，或者得到保護等，現在則多加了個選項，可以記住化為實際知識的事件。甚至我們也得以記下步驟，知道要怎麼找到食物來源或者庇護所，以及在這條路上發生的每一件事，例如是否潛伏著危險，還是路旁有什麼意料不到的事等著我們之類的。如此所產生的記憶稱為「情節記憶」（episodisches Gedächtnis），此詞彙中包含了意為「道路」的古希臘文名詞「hodos」，以及意思為「上」的介系詞「epi」，所以「episodisch」這個詞就是在「路上」所發生的事。這名稱基本上將我們剛才所討論的總結在一起，直到今天，我們使用詞語時仍會用到——當我們講述情節時，總會在一個持續發生的故事當中，從我們對某事件的某特定想法衍生出情節記憶。

有據於此，情節記憶在最開頭時，是以空間定位能力之前提所發展出來的。但現在已經超越路段過程的記憶表現能力了，因為還需要對事件評價，而評價所討論的範圍，又代表著需要做出一個比較——在此要考慮的是，過程是否比原本可能進行的更順利或更糟？然而更好以及更糟，就已關聯到我們為了達到同一目標，必須想像其他的可能性。

這樣看來，情節式記憶有個特別的地方，它是以某種方式矛盾地進行，也就是一方面保留住一些東西，像是前往目標路上發生的事，同時卻也在追求目標的想像方面，不只存有一個定案的版本。而其所透過的方式，就是同時將其他可能性納進來。情節記憶因此是種處理內容的方式，這種方式在保存某種意見的同時，卻也對抗著這種意見而運作。每個事件都可能會有同時互相競爭的草案。

如果要問這樣的練習有什麼益處，我們可以從達爾文的理論找到一個簡單的答案：帶有情節記憶的生物，會比較順利地生存下去。這樣的生物，會事先預想其他生物會在何處對生存感到滿足，牠們也會在真正發生緊急情況、需要等待新途徑之前，事先就將其他選項考慮進來。

這樣的生物能預料到所有事情不利發展的可能性，而且也比較能準備好去面對不利情境的發生。若這條路無法通過，腦海中便事先已經在思考其他的分岔道路，也因此可能已經走在通往同一個（或者是另一個不同）目標的道路上。而在想像新的替代途徑時，其對應的方式也會跟著進行調整：新的道路，新的目標，或者讓同一個目標有了全新的視野。以方才的鴨兔頭當範例，可以再次用來簡短證明：若獵人在埋伏時看到那剪影，不再像之前的經驗一樣，只以為自己看到的是鴨子頭，而認為這次看到的是兔子頭的話，會比較能適應不想要鴨子而是兔子這樣的情形。整體而言，就是找到對世界上事物的新觀點，並重新對其定義與感受。

有關人類起源的故事，總有些令人感到奇異的地方，這些故事會令人感到驚訝，可是也常常美好到不像是真的。只是在我們的情況當中，較少把可能的疑慮放在演化過程上，人們所能想像的演化過程大概就是演化的關聯性。動物若能預期到未來，並且相應地反思自己在這世界所扮演的角色，相對於其他無法辦到的動物便有著絕對優勢。

對我們來說這個故事有點太簡單了，因為在我們現今、後現代的文化當中，已不再讓自己能如此容易就被說服。我們新的情節記憶，如同上述的工作方式，也有著反面的效果。原因是，剛才還被我們形容成遠古時代對未來充滿幻想的覺醒，來到現代社會看起來卻不再令人感到安心，然而演化的神話卻希望還是如此。

對未來事物帶有創見性覺醒，是否早就不再出於自願，而是和我們所想像的第一批原始人的情況一樣呢？社會學家安德列斯．雷克維次（Andreas Reckwitz）最新發現到，創意就「持續的改變思考與重新發想」這定義而言，已經隨著時間變成我們的某種道德命令，不管願不願意都得遵從。想在我們這競爭的後現代社會存活下來的人，也沒有其他選擇。所以我們也無法稱它是種覺醒的行為，而是我們跟著未來遠景在跑，每當我們以為自己追到的時候，這遠景其實就又已經再領先一步。簡單來說，因為我們會預先思考，所以我們不再是慧黠的刺蝟，跑得再快的兔子也被我們甩在腦後。現今我們自己就是兔子，即使（或者就是因為）我們有著思考的靈活性，還是遠遠落後，只能撿剩的而已。

若我們現在去思考記憶形成那麻煩且人性至極的形式，就不得不承認，事情並沒有像演化的故事所聲稱的那麼簡單。長久以來，我們得再次尋找在生命當中，可能成為船錨的定位，因為這定位看起來似乎飄浮不定。在這裡我們所討論的，也是自傳性記憶形成的必要性。就像個聰明的小說家所擁有的能力一般，這器官也必須試著在帶有不斷自我尋求的傾向下，最終找出一條指引道路的紅絲線，而能給予我們生存的某種單一性。除了必須打破已存的所有傾向，迄今為止的一切傾向也得嚴格區分，此外還必須兼顧持續性。不只是需要證明我們的視野不斷地移動及拓展，也必須讓人了解這些視野如何能夠深化。必須將在第一章描述為記憶任務不可或缺的兩個元素：**改變與深化**，帶至一種平衡的關係。

但這要如何才能成功辦到？基本上需要的只是個實驗指令，讓我們人類記憶能以其自傳的形式，不受干擾地進行工作。這件事如果我們從意識的白天面，換到夜晚的那一面的話，就可以追蹤得到。而接下來下一章討論的，就是我們的夢境。

第二章

在睡覺時做夢及學習——我們如何變成自己想要的樣子

下面是每個研究者的夢想：看似奇妙的事情發生時，人剛好就在那。再回想一下第一章我們設想有不可思議過程發生的虛擬冰箱或資料櫃，如果能把自己也關進去裡面觀察那些暗中辛勤工作的員工是誰就好了。如果我們的意識早就下班了，那我們還能再次回到現場，發現那邊在如火如荼進行的是什麼過程嗎？這正是現代腦部研究嘗試的目標：既然在晚上仍會持續進行工作，那麼在記憶裡值夜班的，到底是誰？

很多人可能不願意承認，睡覺時，我們的腦袋裡仍還有些什麼在進行著，而且還跟學習或經歷事情的加工製作有關。門閾上，（理智的）燈光就也關上了，這聽起來像是會做不尋常夢的某些混亂夜晚。或許只有當我們陷入最深沉的睡眠時，才會是這樣。遇到這種事，最好一切都只是想像而已，我們想如此將其拋諸腦後，或者上升至一團混濁，且無意識、無止境的思想虛無之中。然而在此我們就可以先揭曉：正是這最後的印象會帶給我們錯覺，我們在深眠期會完成格外深度的表現，並牢固白天所記下的事物。也可以承認的是，雖然我們的夢境確實只會隨著醒來以及白天意識的開始而變成過眼雲煙，但其實我們已經處理完了一些事，而這跟記憶內容的進一步測試有所關係。

自有記憶以來，人類就嘗試理解我們的夢境以及意識的欠缺。想到我們的夢境及晚上整個經歷到的，竟然跟我們的未來有關；最後再度到達的，卻是我們一開始出發的地方，這看起來像是個不尋常的巧合——或者有不為人知的涵義。夢境的畫面搶先一步，或者讓我們發現到了，白天時隱藏起來、我們因而未曾發現的事物。從法老王夢境的猶太教解讀，到奧古斯特・凱庫勒*發現苯環，這中間跨越了《聖經》及科學先知的寬廣光環。夢境若對我們有所意義、或者宣告些什麼的話，一直以來，都與命運或者神的命運操縱有所關聯。

很顯然，即使是我們也無法證明（更不用說想要證明），在這些夢境現象當中，沒有個神或者至少上蒼的權力在伸手操縱著遊戲。這樣說的話確實有可能。我們要的是以科學的方法接觸這議題，也就是提出問題：這靈感是怎麼來的？並且可能的話，找出生理學上的原因。這邊的「生理學」這個字，聽起來好像我們可以觸摸到什麼一樣，但所討論的是個極為複雜而繁瑣的過程，要循著化學及電子學的作用鏈才能理解。

佛洛伊德及夢境研究的開端

這曾是第一位神經生理學家的夢想，他投身於人類夢境的科學研究之中。雖然今日大家多麼喜歡批評西格蒙德．佛洛伊德，但這名字我們可不能忘記。在一八九〇年代初期，他就已經想要以神經學的方法，來研究未知的領域及夢的發生。也就是在這十年當中，神經學透過單一群體的細胞及其分支做為證據，達到了突破性的進步（一九〇六年，拉蒙．卡哈爾〔Ramón y Cajal，西班牙病理學者〕及卡米洛．高爾基〔Camillo Golgi，義大利醫師〕因此得到了諾貝爾獎）。然而佛洛伊德必須認清的是，當時的腦部研究還不足以回答更加複雜的問題，基本上仍處在萌芽的階段而已。因而使他在心靈方面的研究走上了另一條路，並在一九〇〇年（實際上是一八九九年）出版了一本《夢的解析》（*Die Traumdeutung*），這是他以文獻的方法所試驗出來的，沒利用到神經、化學、電子學的知識。這方法聽起來很魯莽，實際上也是這樣。佛洛依德認為，我們所未意識到的過程，有其專有的表達及語言形式，我們只要能看透其藝術及詩意的原則，即可解讀出其寓意。如此一來，便看似找到了進入未知領域的入口，而且還經得起科學檢驗。我們的確無法親自追蹤出神經元方面的機制，但至少可

---

* August Kekulé，德國化學家，據稱夢到蛇首尾相接的形狀，而聯想到化學物質苯環的結構。

以解讀其代碼。

於二十世紀，有時帶著振奮的情緒、有時又帶著絕望所嘗試的，則是讓我們與夢境新發現、象徵性的連結產生出可載性，並持續進一步拓展。這股運動在一九二〇及三〇年代，達到了第一步的高峰。從夢境所產生的，並不僅止於世界觀而已。由於在我們的夢境當中，事物會顯示得更加強烈，且轉折又戲劇化，人們便不假思索地下結論，認為夢的世界一定就是現實的世界。在夢境當中，我們體驗到更高形式的存在，這運動直接被翻為「超現實主義」（surrealism），我們好像已經不再身處於夢境的世界中，但也因如此，其實正表示著完全就在當中。

我們找到了一種特別形式的創作方式，來做為朗誦出夢境的適當工具：自動寫作（écriture automatique）。這技巧是讓想像自由發揮，接著就同時在不加思索的情況下進行寫作。此方法當然在夢中最成功，所以若在醒來不久後夠迅速地將夢境的訊息記錄下來是最好。已故詩人聖伯魯（Saint-Pol-Roux）據稱生前固定會將一塊牌子掛在臥房的門上，上面寫著：「詩人工作中。」

另外一種通往夢境的形式是電影。過去人們認為，在電影中可以反映出我們的精神生活，而且還相當具有真實性。針對此一目的，電影似乎是種理想的媒介，因為在電影中就跟夢境一樣，幾乎所有的感官都同時接觸到，而所產生的世界觀，也非常接近於原版。電影也因此看似相當之理想，因為其畫面接近我們的方式，比起在日常生活中所遇到的更具說服力，令人嘆為觀止。且電影也能夠將劇情關鍵性地濃縮在一起，並將戲劇性的轉折淺顯易懂地凸顯出來。

夢境文化的第二個高峰期是在六〇年代。粗略來說，當時的人相信能在有深度的院線片當中，挖掘出自己存在的核心意義。這時的存在主義所討論的問題，一直都還是日常生活的辛勤及戰後的知識性絕望。舊世界所遺留下來的只有廢墟或者背景布幕而已，即使在靈魂的深處，也看似僅存有著對作品的嚴重錯覺而已——像是在一間四面牆壁都是鏡子的房間裡，視線到了盡頭看到的其實還是自己，正是發生在這樣視線本身產生錯覺的時刻。瑞典名導演英格瑪・柏格曼（Ingmar Bergman）早期的電影，像是《假面》（*Persona*）這部片，便以生動的方式傳達出這些對時間的反思。

然而超現實主義的電影也留存了下來，並在我們將夢境帶至眼前的方法及過程當中，留下了無可抹滅的足跡。其中西班牙導演路易斯・布紐爾（Luis Buñuel）的電影，像是《中產階級拘謹的魅力》（*Der diskrete Charme der Bourgeoisie*）一片，可以被視為代表作之一。這部片能成名，靠的是兩個手法：其一為將現在正發生的事件濃縮成一段劇情的長度——命運不斷娓娓道出婚姻破滅，及生命的謊言被揭穿；另一個則是事件的層層堆疊。假想我們置身於某個特定時刻，且身處在我們所認定為真的事件當中，下一秒就被告知這所謂的現實在新的情況下不再可信。剛才提到那部片的其中一個場景，便完美地象徵了這個過程：一群平民坐在餐廳享用大餐，忽然間布簾掀起，剛才還一起用餐的這群人，現在變成置身於觀眾面前的舞台上。方才看似真實而貼近的事物，現在已被另一個環繞在周圍的公開現實所包圍。私人的舞台，變成了另一個更大舞台的一部分。事件變得超脫現實。

對於夢境在二十世紀期間帶來的腦部電影院，我們所抱有的期望，大概看來就是如此。現在要問的是，從二十一世紀初期的研究當中，我們可以做何想像？如果我們不再需要繞路到文學的猜想，或者電影的世界觀，而是能夠直接牽一條線到睡眠中的生物大腦呢？換句話說，就是如今可以藉由一百年前還無法供佛洛伊德使用的科學方法，來追蹤他最初的用意。

怎麼會深眠？

首先，我們的深眠完全無法免除於畫面或思想的影響，這是第一個驚喜。每個人都有過這樣的經驗：午餐結束後，坐在開會或演講的現場，而那會議或演講委婉地來說，不是那麼有趣，或是剛好前一晚睡眠不足，因此無論如何總有些必須跟睡魔對抗的時刻。此時便常常會發生以下狀況，突然間，眼前看到的畫面沒有任何東西在移動，電影術語稱之為

「freeze」，也就是畫面的「凍結」。這種靜止的畫面，可以傳達出簡單而清楚的思想內容，像是文字、臉孔，或是風景等。而若你曾注意到的話，大家也能將更多自己的內容加至這清單裡頭。無論這個別細項是什麼，它都會詳細地出現在我們眼前，只是在這幅畫面裡，不會有任何事發生。世界靜止在那。若此時還有餘力對「為什麼不再有徐徐微風輕輕吹動樹葉？」感到吃驚，那便還有機會重新回到清醒的狀態。否則，就表示我們已經走上正確的道路，準備要沉入深眠的狀態了[1]。

如果在睡眠的剛開始時，就已去除所有場景的圖像表徵，那麼也表示已經很接近某個視覺感知不久後會再現的假設，也就是在進入夢鄉以後，馬上就進入到深眠階段的那時候。心理學家以實驗追蹤探討此一問題。在睡眠實驗室當中，科學家隨時將睡眠的實驗者喚醒，並詢問他們剛才在夢境中所感受到的。發現淺眠的人，顯然隨時都有著相當鮮明的印象，但若跟我們受到情緒影響的夢境相比，這些感受較不造成情緒上的波動、較少自我的涉入[2]，也經證實較不具變化波動，然而就內容及可能性而言，整體來說跟白天的生活全然相差不遠[3]。尤其是在早晨時段的後期睡眠，深眠期的夢境也會變得更加生動及明確[4]。而真正睡得很熟的深眠者，相反地則表示，睡眠外的狀態比較近似於某種思考的形式，而非感覺[5]。同時需要考慮的還有以下的狀態，像是夢遊這樣的現象並非在睡眠階段發生，而是在完全還未到達那樣階段的時候——通常，當我們離夢境清晰且透明階段尚遠的時候，一定還能做些什麼。

針對睡眠階段的分別，也需要再進行些討論。有時候我們也會發生以下這樣的情況，好像整晚沒有闔過眼一樣，而且甚至可以發誓自己沒有睡著。但其實我們只是欺騙了自己，情況也沒我們所以為的那麼糟。在睡眠實驗室中可以學到寶貴的一課——客觀的研究方法決定睡眠及其品質變得可行。人們藉由測量大腦電流，將睡眠及其不同階段連結起來，更明確來說，是藉由大腦電流的不同頻率加以連結[6]。根據這個，科學家將特定的腦電圖（EEG）模式配對至典型的睡眠，且由於我們在睡眠期間，眼球會在闔起的眼瞼下快速轉動，這階段因此被稱為快速動眼睡眠（REM-Schlaf），REM為英文「快速動眼運動」（Rapid Eye Movement）之字首縮寫[7]。相反地，深眠期（專業術語稱之為「非快速動眼睡眠」）其組成，則為其他的頻率模式。就我們討論的範圍，尤其重要的是，可以在海馬迴中測量得到所謂的「尖波漣漪」（Sharp wave ripples），其特色是開始時會有個尖銳的震動，涵蓋著高頻率的振盪（一百五十至兩百赫茲）。

此外，睡眠階段的順序也提供了相當多資訊，對於回答我們有關記憶的問題，也同樣會發揮其重要性。在所謂的「睡眠結構圖」（Hypnogramm）當中，將可描繪出睡眠深度隨時間而變化，所依據的正是測量到的頻率。根據這份圖，我們經歷了五至六個深眠的階段（也就是非快速動眼睡眠）。這些階段，會隨著我們離醒來的時刻愈近，而降低其強度及時間長短。相反地，快速動眼睡眠期則隨著睡眠時間的拉長，而跟著增加其長度及生動性。在我們討論範圍中還需要記住的是，一定都是由一段深眠先開始，接著才會有夢境期睡眠。

與腦部連線

在仔細地接觸這主題之後，現在要探討的是其內部，因為我們以實驗的方式連接上了老鼠的腦部。實驗的內容藉由直接線路來追蹤白天所經歷到的事物，如何在夜晚轉化為記憶內容。這種神經線路，必須連接到一個我們已知並與記憶形成有關的腦部區域，而這區域就是海馬迴。不過，轉移至老鼠的腦部，則是道德問題。雖然也有從人類腦部所獲得的資料，但通常都牽涉到像癲癇或腫瘤之類的疾病。而在這樣的情況下，染病的組織也須被視為非正常的狀態。因此在人體進行的方法性實驗，如果是為了要獲得純粹性的新知，則受到禁止。

若要講到「連線」這個詞，就必須將實際上實驗裡的同一概念想像得精準些，不過在此處只先暫提一下。這些導線必須非常的纖細，其層次及分布本身就稱得上是種藝術。每條單一的導線並不能任意接到各個神經細胞，那是因為比例太小了，因此接觸的方式都會是帶著一整捆的導線。而單一神經元是如何進行放電的，這只能透過精心設計的代數來傳達。

這邊要補充說明，我們以這種方式「竊聽」的細胞，其英文稱為「place cells」，中文譯為「位置細胞」，是在一九七一年由美國神經科學家約翰・奧基夫（John O’Keefe）首次發現。[8] 根據解剖學的形狀來看，它是種錐體細胞，這部分我們在前章就已經討論過。也正如其名，錐體細胞有著錐狀或金字塔狀的細胞體，而位置細胞這名字就其特殊功能而言，便已說明了其所進行的任務本身，這種細胞會在老鼠置身特定位置時，進行活化放電。

任何一個突出的特色，像是地方的色彩或者形狀，也可以是氣味，都能做為提示。簡單來說，位置細胞創造出某個特定環境的空間地圖，而這方面它並不需要之前的經驗或者學習結果。即使動物是第一次經過某個沒去過的環境，位置細胞也會活化。在這時，經活化的細胞，其放電速率取決於行動的速度。綜合這些加以思考，位置細胞會重現出一個已知的環境。然而在此我們也不能誤解下面這幾件事：第一，並不是說位置細胞會或多或少因為外在的空間關係，創造出一個一比一的複製品。這舉例在運用視覺的時候就會發生，其進行方式是將世界上同為一組的點點感受進來，並同時活化相鄰的視覺細胞。就算這些實際空間上的各點相隔很遠，與其配對之位置細胞，也可能直接就位在彼此旁邊，反之亦然。

第二個應該要避免的誤解，在於想像位置細胞，會隨著時間組成某種形式的世界地圖。要藉由其幫助，才能夠重現空間及界限內的環境。在新的環境當中，不同地圖會再重新混合。地圖上的指示點，與世界各種物件的對應關係，也會重新分配，而在這方面，相似性則並無影響——兩個在同一空間、相鄰細胞上活化的位置細胞，可能到了另一個空間，會對相隔一段距離的細胞產生反應，又或者對單一、甚至不對任何細胞產生反應。科學家也曾測試過，一個可透視的地方環境若發生改變，會發生什麼事。環境的圖像能夠納入一些改建過程，然而改變到某種程度後會重新開始，也就是創造出一張新的環境圖。這就好像實驗的那隻老鼠，進入到一個全新的環境。

說明至此，現在總算可以開始討論實驗本身了。科學家將老鼠放入一個空間主動進行研究，並記錄下哪些位置細胞，在什麼時候活化放電。此時出現了一個驚喜，科學家研究睡眠的模式發現，在行進時曾經活化過的那些位置細胞，於動物睡眠的時候會再度活化[9]。更驚人的是，其活動依照著入睡之前，在闖關過程所記錄下的同樣流程模式在走。也就是這同樣的流程顯示出，在心靈上，至少有一條路徑重新又再走了一次，而且上面還有著跟清醒狀態時一樣的辨認標示。這可不是純粹的重複動作，這邊所發生的「重播」（Replay），顯然已受到更改。整個流程比起原先，明顯進行得更加流暢。測量顯示，老鼠在睡覺時闖關的速度，要比白天的時候快九至二十倍。在「重播」階段，老鼠的最高速度可以到每小時三十八點五公里，這讓牠們至少在夢裡，可以跟世界短跑紀錄的牙買加田徑名將尤塞恩．波特（Usain Bolt）並駕齊驅[10]。

若進一步進行解讀的話，便是實驗的老鼠在睡夢中並不單只是陷入對速度的沉醉而已，更應該認為重播場景的壓縮及加速過程與之前經驗被繼續加工有關。同時我們也了解到，施加在研究對象齧齒動物身上的加工行為所造成的後果，就是牠們在陌生環境的定位及導航能力有所提升。目前至少可以確定，若我們阻礙這些齧齒動物進行重播過程，那麼其學習成果將會減低[11]。

現在我們也可以先用下面的思考來做為出發點：夜間的重播過程是日間場景的壓縮，流逝的時間會再次被直接截取。這樣的緊縮讓功能連接，所學習的事物也固定下來。第一章當中我們就針對學習過程，講解了赫布規則的重要性，也就是學習由兩個（或多個）細胞同時啟動放電而展開。場景在睡夢中壓縮，看來有個極為簡單而基礎的功能：在重播時，部分的過程場景會在時間上互相重疊，它們在那之前（在清醒著的時候，也就是事件進行的當下）彼此之間還相距一段距離。同樣地，白天曾依序活化的神經元，現在會同時或者至少分階段活化，以致產生重疊。而重播的作用，也就是將那些對定位有重要性的特徵點，往彼此的方向推動或使其互相覆蓋，而且更基本的來說，它們只有透過同時活化，與其呼應的神經元才能夠有可學習性[12]。

然而必須以重播開始的學習過程，馬上就會變得更加複雜。單一的事件場景不只會被壓縮化（也就是在內部過程當中聚集在一起），更會與其他的事件場景產生連結。換言之，實驗的老鼠不只是再跑一次牠在睡前才剛跑過的路程而已。同時還會有其他的場景加進來，而且還是好一段時間之前的。在綜合評估後，那麼我們可以猜測以下幾項功能：科學家認為，之前發生過程間的連結，是為了要製造出盡可能完整的空間圖像，而實驗的老鼠必須要在當中感到熟悉、自在。接著也是最後的，是要製造出一張地圖來改善導航。若這想法正確，那也就解釋了像是為何不同的清醒狀態場景組合在一起時，會導致所謂的「捷徑」，英文稱之為「short cuts」，亦即不重要的部分會被省略丟棄。

在這邊討論的範圍內，還有個大家意見分歧的問題：「什麼是在夢中優先重複，並因此學習的呢？是那些在清醒時，一再或至少經常進行的過程嗎？還是新奇且出乎預料，並藉此激發出老鼠注意力的那些事件呢？」而令人驚訝的是，這兩種想法都找到了適當的佐證。這導出了以下解釋，而人們也必須理解——對實驗老鼠最重要的，是在生命中能夠更加順利地導航（如果這樣的猜想是對的話，那麼無論是新發生的事或者固定流程，都可能至關重要），只不過是在不同樣的情況下而已。或許這個爭議可以導往解釋的方向，如果創造出來的地圖定位紀錄，仰賴的是老鼠在其環境當中的一般位置，出現的若是平常習慣的場景，那麼就是能展現其平常生活的最好步驟，要是環境本身有了快速而顯著的改變，那麼英文術語所說的「新奇性」（novelty），便會是睡眠時重複操作的原因。

從睡夢中的重播，到清醒狀態的預先播放

在我們追蹤完深眠階段的現象之後，會注意到重播並不只發生在睡夢當中，也會發生在

清醒狀態，而且無論海馬迴或者大腦皮質層當中都有。例如，像是老鼠剛跑完闖關冒險，正處於休息狀態下時[13]。若遊戲中遇到獎賞的話，會記錄到重播活動增加了[14]。這可以解釋為何當有某種形式的獎賞涉及其中時，我們會比較能記住那樣的事件。然而清醒狀態時的重播，其出現的形式並不只是之前闖關的短暫回顧而已，進行的方向更正確來說是**相反**的，也就是從動作的盡頭回到開端[15]。這樣的**逆向重播**，其目的也是為了重新穩固剛形成的經驗。然而記憶影片的倒轉，也讓人可以猜想到還有其他參與的因素。從未發生過的次序造就了部分重新組合，將原本不屬於彼此的碎片加以連結，因此在重複時發生的場景重組需要被解讀[16]。

若我們直接進入到最後一個重點，可能會更容易理解，而這個重點與重播的方式有關。最後也就不只找到了在通過闖關**之後**，所出現的那些場景，甚至還有在實驗老鼠上路**之前**，就已經產生的。因此我們現在討論的，不再只是重播而已，而是一場預先的播放（**Preplay**）。每場預播又會再以同樣的場景發生，就像單純的重複過程一樣。也就是說：預播從開頭開始，在結尾結束。造成預播的是在已知情境中出現的信號刺激——無論是老鼠剛好被放在開始時就已經探索過的出發點上，還是說曾經歷過的場景中的某個信號刺激，在某一個別情況下重新出現。在這個地方不需再多做猜測，以將預播視為之後該隻動物行動規畫的計畫性預演。其目的顯然是做為一個試探性的預覽，看接下來可能會碰上什麼。

這樣的發現，也解釋了剛才所討論到的變化。不是只有曾在類似情況中所經歷且進行過的才會重複，之前經歷的組成成分，會同時以新的方式組合在一起。預播，也因此似乎是其他可能性的預先考慮。先提供選項，接著在闖關時，注意力就可以集中在上面，例如在哪個地方要注意岔路。實驗老鼠也因此已經具有可能決策的判斷基礎。就像在實驗中所明確顯示出的：重播及預播確實可以造成「比起那樣，不如這樣計畫」的規畫性。在探討「不是左轉就是右轉」此一問題的實驗當中，至少證實了從先前預播程序所反射出的預告。

個別的聲調如何組成旋律

研究中，有時會有著看似無法解決的複雜問題，但這些問題往往在之後卻非常容易能看得透徹。之所以要討論這樣的問題，原因在於：大約一百年前，這問題讓哲學某種程度上陷入了混淆的狀態，而現在藉著有關於重播及預播的發現，讓這問題能夠有個簡單而令人信服的解釋。在十九、二十世紀交替之時，聲音或圖像紀錄等科技陸續出現，留聲機發明出來，電影業也慶祝了第一波的成功。將人類的具體感受，以同樣記錄儀器的模式想像出來——這樣的嘗試相當遠大，就像是將圖像記憶做為電影拍攝，聲音記憶則行之以某種唱盤的模式。

若真是如此，那麼就產生了下列問題。哲學家埃德蒙德・胡塞爾（Edmund Husserl）藉著音調聽覺的例子，試想了一個問題。我們先想像一連串的音調，某個時間點聽到了一個音，接下來又一個不同的音，之後又再第三個，如此繼續下去。此時當我們認為第二個音開始的時候，第一個音已經沉寂；第三個音開始時，第二個音已經消失。而胡塞爾現在的問題如下：我們是怎麼能夠察覺到一連串不同的音質（現在這個音，接著一個不同的，之後又再一個不同的），而可以從這單純的順序當中，聽出一個連貫的旋律呢？在這方面，聲音記錄的模組就無法繼續幫忙了，因為只有個別的音調會被記錄下來，但其中間連貫性則無法。而我們如果在一連串音質當中，要辨認出一個完整的旋律，中間連貫正是不可或缺的部分。

胡塞爾對這問題所提出的（暫時性）解決辦法，是將一種機器所不具備的「時間意識」歸到人類身上[17]。對此他提出看法，認為在人類的感官當中，不同的音質交錯在同一個點上，在這個點上，這些音質以純物理的感官來說，一定已經消失或者還聽不見。感官的現在時間點和已發生事物的關聯性方面，胡塞爾提出了「持存」（Retention）的概念，至於和尚未發生事物的部分，則提出了「前攝」（Protention）。而「持存及前攝究竟是如何造成的？」這個胡塞爾本身一定也還在摸索的問題，現在可以利用重播及預播的發現來幫忙解釋。因為此時我們已經有個模組可解釋不同的印象如何產生交疊，即使是在當下的感受中那樣的交疊完全不存在也無妨。藉由印象的強化，無論向前展望還是往後回顧，這都會得以產生。與純粹的聲音及圖像記錄不同，人類的感官中還多了個同時進行的記憶軌跡。這軌跡讓我們得以聽見中間的旋律，而記錄儀器卻只能重現出個別的聲音而已。

現在可以得出的第一個結論是：記憶內容為了上層目標所進行的整理，與我們記憶的形成有所關聯。白天時的經歷會在睡夢中受到檢視，並藉此評量出這些經歷與我們本身以及我們的目的有何相關性。記憶內容強化及掃描的過程，專業術語稱為記憶的「固化」[18]。之所以受到固化，也就是加強及保存的，僅止於在當下對我們會有後續幫助，而且未來也可能有著重要性的事物。其餘事物則在夜間朝向長期記憶傳導的第一道關卡，就已經跨越不過了。

雖然這聽起來明瞭易懂，但也只是一半的真相而已。我們還要思考，為什麼要在接下來的真正夢境階段努力運作，這段時間，也就是深眠結束、轉到我們醒來以後仍歷歷在目的動態夢境的時候。又或者姑且以睡眠研究慣用的方式來表達：在快速動眼睡眠期與非快速動眼睡眠期所發生的事物，有何差異？

我們在夢中真正學到的東西

有關快速動眼夢境之功能的討論極具爭議，且在許多方面都還停留在猜測階段，尤其是就心理層面而言，佛洛伊德及後期的科學家們花了非常多心力在上面。如果探討的只是夢境研究的單一特定層面的話，那麼討論就會稍微具體一些。此時要問的是我們的夢境，對學習及之後的回想究竟有何貢獻？將不同的睡眠階段視為在功能上互補，這樣顯然對我們會有幫助，那麼深眠也就會有助於固化白天學會或經歷到的事物，並在接下來的快速動眼夢境中，讓這些事物以任意形式進行檢驗及拓展。

腦神經科學家蘇・盧艾稜（Sue Llewellyn）及心理學家J・艾倫・霍布森（J. Allan Hobson）嘗試著將思考追溯至人類發展的早期。他們認為，快速動眼夢境（更正確來說是非常特定的某個階段）與我們情節記憶的形成有關，也就是回想事件特定過程的能力。因此在早期重要的不只記下飼料所放置或提供庇護的地方而已，更重要的是前往該處的路途，以及在那條路上可能會遇到什麼好或不好的驚喜。因為現在世界變化得極為迅速，飼料可能沒了、庇護所進不去、出現競爭者等，尋找者因此必須擁有靈活及快速改變思考的能力。

現在快速動眼夢境剛好就此幫了我們一個忙。根據科學家的說法，這種夢境將之前經驗的成分取出，接著再實驗性地將其與新的場景組合在一起。也就是說，流程會跑過一遍，看支道是否不可能變成主道路。如此一來，若任何一個源頭消失，而需要重新定位的話，白天時也會比較容易進行。同時，寶貴的經驗也有助了解哪個地方潛藏危機，無論是自然災害還是其他的肉食動物所造成的危險。在夢境當中，對於可能的不幸，會以情緒評估的形式出現來做檢查。當走這條路進入到一片開放的土地或者蓊鬱的樹林中，還是以急轉彎進入這個區域或另一個時，會出現什麼感覺，都會在夢中透過恐懼及安全感的交替跑過一遍，而這樣的情緒交替，會在試走新的道路時伴隨著我們。我們以前的祖先，若白天重新走到已經熟悉的分岔路口時，這時夢境便會出面幫助他，做出正確的抉擇。

這代表著在實際操作層面，走的不再是跟以前完全一樣的路徑。作者們得出結論：白天發生的事在深眠期進行了簡單的重播，也因此在此處無法再繼續提供幫助。「資源——地點——危險」分配[19]的重新安排，相對地，會創造出先決條件，讓視野得以拓展，超越原先純粹的過程記憶。換句話說，快速動眼睡眠的任務，在於為未來的事做準備。這些未來的事還未浮現成形，但是以到此刻所曾經歷過的事物為基礎，我們可以試探性地判斷其發生，而且是以極為創意的方法。

讓我們回到現在。雖然人類最早的祖先已不在這世上很久，而整個人屬也自人猿進化到了晚期智人，然而如果盧艾稜和霍布森的論點正確的話，那些早期的人類，已經藉其嶄新而具創意的記憶表現，非常順利地過著生活了。比起其他生物，他們存活得更好，而且也將快速動眼夢境的基本功能遺傳給了我們。就算我們其實不用再恐懼水源會忽然乾涸，或者有隻肉食動物埋伏在下個樹叢後方，然而應對世界環境變動的方法，基本上不該受到改變。至少這是接下來，我們打算藉此展開討論的工作假設。

不同睡眠階段的共同合作，實際上可想像如下：深眠和夢境睡眠，或者更應該說是非快速動眼及快速動眼睡眠，兩者之間互補。互補的意義在於第一步，將過程及資料保存在腦部內。唯一的條件是這些過程及資料的順序正確，且我們認為有保存的價值。這方面所說的，再次以專業術語來表達，就是個固化的過程，而此一過程乃於深眠期進行。第二個階段就再也不是資料的審查及保存，而是評估與解讀。我們的祖先在演化過程中，出於持續潛藏的危機，必然感受到了生存的嚴肅性。而追隨著這份對生命的重視，可以將評估與解讀看作是生命的堅韌度測試，其所測試的，是就過去經驗及（在這段期間以來受到大幅）更改的情境而言，了解剛學習的事物其可續性如何。這情境可能會出現大幅變動，導致在夢中變得極端，而且是日常生活幾乎不可能發生的場景。萬一這些場景真的發生，也會讓情況馬上變得戲劇化。評價及解讀也就必須明確，不能因為誇張或急遽化而退縮。

不用說，這樣的程序全然可以發生很多次，事實上也必須一再發生才行。如果我們還記得自傳式記憶是如何進行的，在該記憶中，也顯示出有所謂的交替作用。一方面我們的根源記憶會喚醒記憶裡那些我們在某些事實的猜想當中不那麼確定的事物，不同的來源可能會以不同情境呈現出這些事物——光是反問自己究竟怎麼會產生某個想法的，就可能讓我對事物的看法輕微產生動搖。另外一方面，在任何可能造成不安的時候，即使只是片刻，我也倚賴著自己對事物的有效了解。畢竟要堅持下去的人是我，不能一直抱持著懷疑的態度。如此一來，若我們一個晚上就經歷了不同強度的各種睡眠階段，也就不足為奇。深眠階段會與快速動眼睡眠期進行數次的交替。

我們的假設就先談到這麼多。但現在必須追問的是，從快速動眼夢境的過程及步驟中，可以推論出什麼來做為科學的證據。神經生物學為此試著先在可利用價值方面創造出一些益處，而其所嘗試的就是更容易而可靠地取得資料。做夢所附帶的問題中，最重要的就是太過虛無飄渺。在幾乎還沒清醒的時刻，夢中最後的景象仍歷歷在目，但若要開始描述那些景象，之前的故事便會馬上煙消雲散。夢境的景象完全就像肥皂泡一樣，輕輕的碰觸就會瓦解。我們試著以字詞或想法來理解夢境，然而通常只要一個字或一個想法就足以使其破碎[20]。

這在清醒及做夢間的波動起伏非常纖細，不過我們必須將其抽離，以做為科學研究資料。因此，若我們白天時都能帶著完全的意識將其釐清，就會是一大進步。事實上，神經生物學已在白晝的意識中，替我們的夢境找到了這樣的代理職位。大約自十五年前就開始研究的，是在科學語言當中被稱為「預設模式網絡」的東西，其意義為我們腦部的某種基本調整，而其連結的活動則會顯示出某種非常特定的休眠模式。如果我們發現自身所專注的工作很是棘手或者思緒飄移、做白日夢，並因此沒有在處理那件事，那麼這模式就會做出調整。而這樣的狀況，其實遠比我們一直以來所察覺到或者願意承認的，還要更頻繁。

而將此白日夢連結至夜晚夢境的，也不只是表面的類推而已，科學家發現在這兩種情形下都同樣會啟動或關閉的，本質上就是相同的大腦區域。依照順序，包含了楔前葉，以及前／後扣帶皮層，顧名思義是種皮帶狀的彎曲，另外還有中顳葉、海馬迴，及部分的中額葉。相反地，顯示會關閉的，是外部刺激的進一步傳導[21]。換言之，我們所看的角度是進入自我，而不是向外出去到這世界。同樣不會有成果的，是對肢體活動的想像。如同在夢中一樣，即使在我們的心靈之眼前、即使夢境看起來多麼地具有動作感，但我們身體仍保持完全靜止。預設模式網絡的活動分配，最引人注目的是：剛才所提到的那些中心區域，其連結及網絡高度重疊[22]。這也因此與在沒有特別任務要處理時，整個腦部會展開的那些活動之正常分布，十分地相似。

我們著手處理研究目標的策略，也因此變得與深眠階段的分析相反。在深眠階段，我們從夜晚的經歷（重播）出發，而在動物實驗裡發現的是一條直接的連接線，並由此推論出白晝時類似的過程（預播）。現在我們從白天的經歷（預設模式網絡）出發，這部分我們能夠有意識地理解，好為我們夜晚夢境（快速動眼睡眠）的這個討論範圍，得到一個解釋答案。

白日夢腦中電影院

剛才提到的那些腦部區域彼此之間的交互作用，我們最好如何想像呢？這問題最佳、也最容易理解的答案，無疑是由好萊塢導演克里斯多福．諾蘭（Christopher Nolan）在構思《全面啟動》（*Inception*）這部片時所提供的訊息，他似乎不只一次自有關腦部區域的最新研究中汲取靈感。總而言之，他成功自其背景創造出一個具代表性的夢境故事。

這部片的主題，其實也包含在其英文片名裡，「創始」（Inception）也就是創造新的開始，而且是在某個人的生命當中。片中透過將思考植入那個人的體內，造成足夠的不安，使其存在完完全全遭到改變，而這植入過程，則透過夢境的操作而產生。至於後面劇情如何發展，在此書討論範圍內只需要知道下面這些就可以了：一個企業鉅子死亡了，遺囑是要自己的兒子成為接班人。但過去兩人的關係不是很融洽，此時有個商場對手害怕這企業帝國會發展成獨占市場，為了要阻止此事發生，雇用了一名專家（李奧納多．狄卡皮歐飾），給了他任務去影響、改變繼承人的記憶。這個專家之所以辦得到，是因為他是夢境的專家，尤其在侵入他人的夢境這方面。他受託在企業接班人夢中植入一個固定的想法，最後藉此摧毀這家企業，並讓這名商場對手再奪商機。

這部片確實需要科幻的元素，而這元素則是透過睡眠時，由簡單的（外部）連線所創作出的。盜夢者進入到其他人的夢中，並在該處依據情況及其他夥伴的工作來行動。在這部電影的例子裡，夥伴就是那些同樣也置身在他人夢中，夢境操縱者在現實生活裡的那些共犯。而此電影的真正高潮在於：電影業本身，其實就是這種形式的夢想植入。好萊塢夢工廠這稱呼的意義，從字面上就能完全理解。踏進陌生的夢境世界中，再帶著其中的一部分想法離開。如同我們在這部電影所共同得到的這個想法，之後就再也不會離開我們的腦海了。

在看過前述所談及腦部區域的清單後，我們可以將電影情節以下列方法組合起來。之所以討論的是人類原始的事物，也就是有關本我的問題，或許可以歸因於楔前葉的功能，而我們知道的是，如果這區域失去活性，我們的本我就不再扮演著顯著的重要角色。此外，預設了情緒基底的地方，也就是後扣帶皮層參與過程的位置，片中討論到了緊繃的父子關係，為的是點出片中主導的情緒狀態，以及盜夢者的痛處。相反地，前扣帶皮層會將情緒的調節，與某個特定想法整合、連結在一起。在影片中，是由以下的情節轉折來帶出：繼承人拒絕了父親的遺產，靠自己的力量打造出自己的新事業，而這時的他，終於有資格得到他父親的尊重，一種他在人生當中從未享有過的尊重。不過，「靠自己奮鬥的想法」當然不是繼承人自己心中油然而生的，在這樣假象的工作當中，海馬迴便參與了作用，讓夢境盡可能達到生動的程度，畢竟感受得產生具有真實感的效果才行。

劇情軸線及做為背景的夢境，會由事先的工作準備員來負責建構，在電影裡也有個獨立的夢境建築師，接受訓練來負責此一工作，她還有個神話的名字叫做亞麗雅德*。她負責的是迷宮設計，做夢的人需要進入到夠深入的夢境裡，才能接受其他人的幫助，將他從迷宮中再度帶出。另外產生重要性的還有名字及數字代碼，而這又可能再與另一個具專業知識的同事所做出的貢獻有關。這個同事會將中顳葉，也就是我們列在參與反應區域清單上那部分當中的資訊，進行分配及定位。

最後，才是真正刺激的部分了，這部片（還有我們的白日夢也是）所依據的也就是整個夢境內部錯綜交疊的這個重點。換言之，我們並不只被帶入單一個夢境的國度，而是陸續被帶至好幾個當中，劇情整體可分成三個層次：我們從夢中過渡到夢中夢，而在此夢境中展開了全新的劇情發展，做為通往另外一個夢的出口。一開始還在往機場的路上，上演著被綁架的戲碼，最後卻已在白雪覆蓋的山區，與剩下一半的敵方軍隊展開廝殺，簡直就像〇〇七的風格一樣。

神經生物學上，我們將這樣當下的反射表現，追溯回中額葉的其中一個部位，該處存放著我們對「心智理論」（Theory of Mind）的能力。這邊心智理論的意思，其實純粹如下：我有能力將自己載入某個他人的心靈（我有個理論，知道那邊在進行些什麼），然後從該處，以那個人的眼睛望向這個世界。在這種最簡單的認知形式中，造成了以下的判斷：我知道你知道。那種心靈的操作，現在也可以多次重複進行：我會知道你知道，但你也會知道我知道。就我們討論的內容，重要的是觀察的角度，也會在這過程中合而為一。你對事物的看法也融入我的看法中，但在你看法當中的某部分，可能也包含著我的，而在你的這看法當中，

---

* Ariadne，希臘神話人物，愛上了雅典英雄忒修斯，並巧計在著名的迷宮中留下一條線做線索，幫助忒修斯殺死迷宮中的半牛半人妖怪彌諾陶洛斯，成功逃出。

又會再匯入一個針對你看事物的想法，如此下去。

就這樣，我們會將在腦部參與夢境執行者的名單，幾乎完整地跑過一遍。只是在某個點，還得相對於電影再更仔細些，在快速動眼期的睡眠與清醒時夢境之間，某個方面存在著差異。而這差異尤其是在剛才所提到的「心智理論」想法方面，有著一定的影響力。從解剖學的角度來看，在做白日夢時，腦部有個區域會活化，晚上做夢的時候則不會，那就是我們的楔前葉[23]，它與夢境的自我感覺有關。也因此跟白日夢不同的是，我們晚上並不大清楚，我們是透過誰的眼睛在觀賞著夢境。想像一下飛行在高空的過程，現在已經可以從主觀的角度觀察夢境，就像電影用語所說的，這是藉由飛行者的眼睛在看。「心智哲學」（Philosophy of Mind）將其稱之為第一人稱視角。然而同樣的場景，也可以由外往內觀察，也就是我們藉由他人的眼睛觀察自己越過空中的模樣。跟第一人稱視角有所不同，這是第三人稱視角。在快速動眼夢境當中，如同可猜想的——我們能夠交替使用兩者[24]。若你對夢境內容記憶夠鮮明，一定能證實這一點。

然而如此一來，我們對夢境分層交疊的想像也出現了危機。換句話說，我自第三人稱視角觀察一個場景時，會忽略掉「自己也就是正優雅從空中飛行過的那個人」。也有可能突然又有其他東西，進入到夢境的視角，而那東西並不是我，第一及第三人稱也因此變得無法區隔。這聽起來很複雜，不過大概的意思是：我們在快速動眼夢境當中，是否真的會像《全面啟動》的導演讓我們感受到的那樣，產生如此複雜的夢境交疊，這確實有待商榷。然而我們更不可能真能如同電影般，一以貫之地追隨著如俄羅斯娃娃邏輯般的精巧步驟，每一層底下，又會再跑出個人偶。做白日夢的時候我們處於一種較佳的狀況，我們時常注意到這一點，只要我們在其中摸索，並問問自己：我是怎麼想到這個的？如果猜測是正確的，那麼正是楔前葉編織了一條亞麗雅德的絲線，進入我們的意識流中。沿著這條線，我們便能再度攤開一幅幅依順序排好的圖像，並重新進行追蹤。

夢境——我們生命的舞台

我們總算到了在第一章時，承諾會再回來討論的部分，也能針對下列這個問題給個具體的答案：我們的記憶是如何實現未來的？而且大部分還是在不知不覺當中，我們沒有真正意識到的狀態下完成，睡眠時的活動就是一個最佳例證。

現在我們已經比較了解記憶未雨綢繆地先為我們做的兩方面準備了。先回想在深眠階段（非快速動眼運動）發生些什麼，接著就同時進行實驗，將我們白晝印象轉化為長期記憶的過程，減到最低必要量。換言之，只有未來會再需要用到的才會保留下來。在像空間導航這樣簡單的例子當中（至少在動物實驗方面），顯示出資料的預先整理，會朝著目標方向進行。如同白天的行動，就已經以成功為目標一樣，過程夜晚的重複，也會如此解讀。同樣地，也只有對我們而言在類似情形能幫助我們再度邁向成功的事物，才會被記憶下來。只有故事的寓意會被記下來，就像高明的說書技巧一樣，靠的是重點。

就這個意義而言，我們的記憶在第一次看到的時候，就會預想下面的情況：萬一我們再次遇到類似情況，並回想那一天所經歷的情節，我們會需要些什麼呢？換言之，白天時還無彼此關聯的個別感官輸入，到了晚上，就會組合為一個彼此關聯的過程。這樣的過程我們不用視為多麼有詩意，只要有效率就足夠了。而有效率就我們討論的範圍，指的是我們變得能夠達到我們之前所設下的目標。至於目標細節指的是什麼，並不具重要性。可以是在迷宮中找到飼料，可以是在世界歷史中找到個名正言順的一席之地，也可以是全然的快樂。記憶的任務，在於協助找到一條通往這目標的路。就像心靈的扶手一樣，我們一邊往前探索著記憶，一邊往我們所想要實現的未來前進。

我們在夢境的快速動眼階段，所遇到的那兩個方面當中，討論的主題在別處。這邊談的不再單純是為了達到對我們來說重要的目標，單純的自我突破；也不再是一個我們想要追蹤到結尾的劇情。現在所談的更是這個劇情的框架，或者在其中，計畫過的劇情才能顯示出意義的一個框架。

或許你常聽到下面的英文片語，而且不感到陌生：「He is history.」或「She is history.」

直接翻譯意思是：他（或她）留名青史。第一次聽時，這可能不是很有意義的一句話，畢竟一個人要走入歷史，前提是這個人已經離開人世。但這個片語常常在一個人還活得好好的，就用來形容這個人，例如體育選手就是這種用法的經典例子。這片語會用來表達某人在體育方面表現或行為的風格，已經屬於過去的一部分了，即使他或她還很成功。這就像十九世紀中葉蒸汽船跟帆船在比賽的情形，即使當時贏的仍是帆船，很顯然的，總有一天蒸汽船還是會後來居上，而且之後會一路贏下去。帆船選手失去了未來。

就如同我們有關歷史的例子般，夢境的交疊當中，也會發生同樣方式的視角切換。原本某個夢境我是以參與者的角度，**由內而外**來接觸，現在則變成從**外部**觀察。我看到自己的周遭並辨認出自己，但透過的是某個未參與者、某個陌生人，甚至是某個競爭者的眼睛。也就是說，視角從第一人稱改成第三人稱。與平常站在劇情的舞台上不同的是，我現在好像坐在台下觀眾席，感受著這劇情，無論我所扮演的是什麼（其他的）角色。只是夢境特別的是，我**自己**就是以他人或中立眼光在觀察自己事情的人，觀察的是最接近，或者可能最好該做的事情。夢境另一個特別的地方，那就是做夢的時候，不是只有在平常都是別人告訴我意見的地方才會產生行動，我更受到了催促，以多次進行那種觀點切換的程序。多次，不是只在連續的夜晚而已，甚至可以是在單次的做夢循環或單次的夢境當中。事件的壓縮、時間的濃縮及關係的壓擠，最後造成了夢的主題可以集中在完全的存在，而純粹就時間來看，我們也就能夠旅行及老化，以至於生命就像望遠鏡一樣，可以展開及收闔。在電影《全面啟動》中，過程以其（三倍）的分層如此增加，導致一開始原本還看得到一個英姿煥發、掌握大權的企業家，最後出現的卻是個早已絕望的老翁。我們白天不知在何處所曾碰到過的事情，在晚上會轉化為一種我們自行完成的持續練習，而這練習的生存重要性，也是我們所必須不斷重新面對的。

綜觀來看，我們的時間關係現在會進行重新整理，而且其重要的意義在於，這就發生在我們為了練習，而在夢中共同執行觀點切換的時候。前面提到的那位西班牙導演布紐爾，在他《中產階級拘謹的魅力》一片的最終一幕，基本上就包含著所有必要的元素，為的是展示出基本時間調整的基礎操作。在舞台上正探討著計畫，演員們置身其中，並受到其本身程序的邏輯的圍繞。接著布幕降下，同樣的劇情改為由觀眾的角度來觀察。在夢中要獲得新發現，其關鍵不在於觀眾驚訝的反應，而是觀眾目光對演員的反作用——那些演員到布幕降下後才發現到，自己竟然是演員，而且基本上只表演了一齣戲。要好像什麼事都沒發生過那樣地繼續搬演劇情，瞬間就變得不可能。原因是我現在知道，你知道，我現在知道，你知道……如此下去。在戲劇當中，平民的演員逃之夭夭，離開舞台空間——然而只是沒多久之後，又必須再度經歷類似的場景。

克里斯多福．諾蘭的《全面啟動》最後也是以同樣的戲劇變化做為目標：繼承人一輩子都以為自己只要踏上父親的腳步，就能達成施加在他身上的要求，並做出理所當然而正確的事。在夢中他面對自己的幻想（所有施加在他身上的要求，或許都只是個完美的幻象而已），要將家族企業帝國經營下去，來源都是他的父親；而所得知的卻是完全相反的事實。他也是在夢中透過夢境意識到，他之前的存在到最後，其實是某個角色的體現。

時間的關係也因此發生了極端的改變。剛才對於可預見未來的堅定遠景，一瞬間忽然就化為了history，也就是成為了一段與我們不再有關的歷史，是代替舊有的全新未來遠景——隨著我們對未來生活的調整所做出的單純變更，便有了全新的開始。從文法來看，我們在夢境邏輯中，所討論的也就是未來的多樣化。之前原本只有一種發展的可能性，我們白天遵循著，以計畫人生及設計行動。到了夢境當中，我們卻得到愈來愈多的其他選擇，即使只是藉此讓我們不能再像之前一樣繼續走同一條路。夢境交錯複雜的邏輯，要的是我們試探性地將一切原先認定為有效而不可推翻的，現在都加上個括號。並且像是坐在戲院般，將其視為一齣舞台上的表演，結束了就結束了，無論接下來會有什麼取而代之。對目標一貫、有效率追求的未來當中，將會產生出另一個未來，在其中會為我們的生存展開一個完全嶄新的時間計算。我們現在必須完全重新開始，並相對應地重新規畫一切，最後再為一個目前還尚未知曉的終點，先做出準備。

我們的夢境有著多少的真實性？

若我們的記憶會在夜間啟動，那麼我們就得討論到兩種不同類型的未來。在其中的深眠階段，討論的是已有的目標，以及底下這個問題：過程如何能為了可能的重複，而同時變得可理解，且最佳化？在緊接著，以睡夢或快速動眼睡眠開始的階段，所負責的是我們遠程目標的夢想生活。所有自白天經歷所獲得的，現在將拼湊出一個更大的關聯性。夢中會開啟新的靈感泉源，並導致原先看起來理所當然的事，得以在新的環境及新的景象周遭內被感受。這樣的重新創作，其目標基本上是為了要造成不安。不安到讓我們至少會保持開放的態度，來看待固定的方法以及習慣的例行瑣事是否有新的處理方式。在草稿階段如此的不安，還可以一定程度上理解為玩心。白天的時候，我們也常更改我們的過程，然後交換東西看看那樣我們喜不喜歡。但若夢境是跟整體有關，也就是與我們人生最後想要達成或成為什麼有關，那麼遊戲就要認真了，而夢可能成為第一個可以改變我們人生的普遍性不安。

由於這樣肆無忌憚的誠實，其門檻可能很高。也因此，夢境有時帶有教育的性質。換言之，夢境會逐步帶領著我們，提出一個準則性的問題。我們每個人都對下面的場景不感到陌生：在夢境中我們人在路上，而且跟人有個重要的約。在赴約的路上，遇到認識的人，時間變得不太夠。接著我們又開錯路，時間變得更趕，把車子停在立體停車場的時候，又忽然目睹一件罪案發生，醒來以後才發現那是星期天晚上看犯罪影集所留下的印象。每次遲疑，心中的感覺就會更加強烈，覺得跟人家的約會，更不可能準時趕上，最後心中只剩恐慌。到了最後，夢境以這樣作結：我們陷入某種不尋常形式的絕望，並胡亂繼續思考著「現在該怎麼辦」。而這個我們或許會從夢境帶回現實的問題，是個必須捫心自問的問題：這件自己認為一定要去做的事情，我們真心想要嗎？夢境針對這種強迫性，在人生中一定要達到這個、達到那個，提出了相反的強迫性：至少要想像一下我們所無法想像的事，然後看看會如何發展。

與普遍的幻想所告訴我們，以及古老解夢認定為無庸置疑所不同的是，我們在夢中不會得到叫我們「你要變成這個或那個」的內容。夢境更像是個陪伴者，當我們再度將注意力轉向夢境的順序時，它卻在告別後，隱密地沒入白天的意識當中。

做夢的天分

在討論過漫長的神經生物學發現及新知後，我們現在回到佛洛伊德以及心理分析式夢的解讀之開端。依其根據，夢境所要的，簡單來說，是不斷將我們最好的一部分帶出。夢願意幫助我們發現自己的才能及天賦，並進一步發展。夢帶領著我們前往原本的自我，或至少

「原本應該要是」的自我。夢讓我們具有創意。

佛洛伊德現在更進一步地宣稱，我們每個人體內（毫無例外，因為我們都能夠、也必須做夢）都藏著天賦，無論是深藏不露，或者大家都看得到。當然不是佛洛伊德自己發明這樣的人類形象的，比較要感謝的，是當時世紀末的頹廢文化所提供的靈感。早在一八七〇年代，尼采與華格納就要求平凡人，無論如何也得展現出超凡的能力。只有成功突破這平均限制的人，才有資格提出要求，得到社會上其他人的認真對待。這適用於大企業家（當時正是大企業創立的年代，像是克虜伯公司〔Krupp〕、博世公司〔Bosch〕或者西門子〔Siemens〕等），也適用於發明家，他們所發明的電燈、電話或汽車，讓我們生活的世界顯著地變得現代化；最後這也適用於藝術家，這些人必須藉由總是那麼新穎的前衛運動，來證明某些東西的價值。

發明家或藝術家的天賦狂熱，其實也有著不好的一面。即使當時的社會對於所有人文的問題，都抱持著相當開放而包容的態度，也偏好朝向浮誇發展，然而談到身體，或更明確來說談到性方面的事物，還是表現得拘謹和避諱。例如，德國的威廉二世風格及英國的維多利亞風格，並不是平白成為民風習慣的同義詞的，這些民風習慣以今天的角度看來格外霸道且小家子氣。從愛爾蘭作家奧斯卡・王爾德（Oscar Wilde）到德國作家台奧多爾・馮塔納（Theodor Fontane）的文學，都或多或少想游移於這道德的界限之上，然而未能如願。

也因此根據佛洛伊德的看法，天才的生活並不容易。因為他們的創意及發明的豐富性，無法輕鬆自他們天賦背後的動力區分出來。而這也就是所謂的性慾，亦即性衝動。佛洛依德認為天賦及性慾的實現，兩者缺一不可。這就像把蒸汽機的鍋爐關掉，然後要求輪子還是要繼續動力十足地運轉下去那樣。

一旦我們了解了驅力及創造力之間的關聯性，很快也會清楚顯示出夜間夢境能夠對我們每個人身上的天賦有所幫助。換言之，夢境讓原本不可能的變成可能，也就是讓性慾得以在一個不允許其發生的社會中發展（至少不允許那樣創造性的浮誇，以及在頹廢時代愈禁止愈吸引人的事物），夢境反而成了可以讓禁忌事物發生的地方。夢想會成為舞台。而在這舞台上，壓抑的熱情可以解放出來，想像也能暢所欲言。我們平凡小民的存在，也不會因此受到危害。

佛洛伊德甚至還再更進一步談到謹慎措施的部分，即使是在夢境夜晚深鎖的大門後，這些謹慎措施依然有其效力。根據於此，我們如果短暫、片段記得夢裡出現了什麼可能性，那樣是不夠的，還得再全面鎖碼才行，直到我們頂多記得奇幻的印象，以及隱晦難懂的過程為止——萬一我們真的還記得夢境的話。夢境所使用的也就是一種祕密語言，對白天的意識來說幾乎無法理解。然而出現在我們夢中的人事物，會被介紹進入到編碼中，否則夜晚的幻想及狂歡最後將無法發揮功用，並解除必要性的負擔。事物的意義，也因此不會只是像我們所認為的那樣。同時間，其實也已經成為了一般性的知識。任何形式的開放縫隙，到頭來代表的都是女陰，每個直立的物體則都代表陽具。象徵的鎖碼有其必要性，如此，我們的道德良心才不會受到這不尋常動力的影響，而感到不安。佛洛伊德曾經如此形容：「夢是睡眠的守護者。」

這個概念的權威性維持了多久，以及在科學上我們還能相信這理論到什麼程度，神經生理學家們最新的理論將會告訴我們。他們提供的解釋建議，某些部分令人非常振奮。這些科學家跟佛洛伊德一直都是從底下的前提出發：夢境訊息，基本上會以鎖碼的形式出現，並將我們帶回衝動的原始世界。只是我們所討論的這個世界，不再以自身孩提時代初期如此像傳記的形式出現，而是以文類歷史性的觀點。例如，神經學家喬納森・溫斯頓（Jonathan Winston）便認為，在我們的夢中，大腦的區域會呈現活躍狀態，這點跟我們的動物祖先相同。也因此，我們的夢基本上是圖像式夢境。而那些動物到現在都還會的東西，在夢境裡我們也會。靠著那些東西，我們在夢中也才會繼續站在演化的階梯上：飛越天際、在水底呼吸等等。我們做夢的時候，也就回到了某個社會，就像一億五千萬至二億年前，當時將我們與其他生物連結起來的社會一樣。類似地，心理分析師安東尼・史提芬斯（Anthony Stevens）所看的是夢境遺留裡，無意識狀態所殘存的部分。這也撐過了四百萬年前人類與靈長類分裂的界線。神經心理學家雅克・潘克賽普（Jaak Panksepp）不久前提出猜測：若處理的是鮮明的夢境，我們的夢境意識「可能會自清醒意識的某種原始形式產生。其發生在爭奪資源的感覺比理智更為重要時。這種清醒意識的古老形式，可能在演化時曾受到排斥，為的是讓腦部更高等地進化，可以繼續更進一步[25]」。換言之，我們現在做夢的形式，完全如同二到三百萬年前感受世界的方式一般。

第二次世界大戰後，有關於夢境解讀的建議受到簡化，基本上可以追溯回兩個原因：一、天賦不再那麼急迫地需要被壓抑，因為社會上首先重視的是突破及重建；二、最遲在六〇年代便出現了電腦文化。人類心智（或者當時已經是腦部）與計算機的類比，也出現在世人面前，而「電腦是如何睡眠」這個問題，也馬上就找到了答案：電腦根本就沒有在睡覺的。

本章曾提到過的心理學家J．艾倫．霍布森，其如今已顯而易見的論點曾在一九七〇年代聲名大噪：我們的夢境根本就不再具有任何意義，只是不斷自我放電神經元的附加產生物。如此放電的神經元分布於在上層的腦幹，其訊號則會在腦部其他部位直接造成些什麼。所以醒來以後，試圖理解也是徒勞無功[26]。

不過我們也可以試著從與電腦的類比中，得到一些正面價值。睡眠當中，會再更進一步地處理白天的資料。根據心理師史丹利・帕倫波（Stanley Palombo）的說法，我們在夢中會體驗到新的經歷是如何以固定的模式與舊的經歷進行比對，一直進行到有個一致的地方為止。若重複嘗試後我們還是失敗，那也就是我們為什麼會醒來的原因。這意思指的是：在白天的意識中必須進行事後改善，如此一來晚上的輸入，才能再度探進夢境的回饋迴路（Feedback Loop）中[27]。接下來幾晚，則會進入修正夢境。

而更加極端的看法是：夢中重要的，就只是趁晚上將多餘的資料再度捨棄掉。一九八〇年代，做出類似評論的包含了諾貝爾醫學獎得主弗朗西斯・克里克（Francis Crick）及葛雷恩・密契森（Graeme Mitchison）[28]，他們認為：大腦皮質層內的錯誤聯想途徑會經過還原過程，而夢境也因此會在硬碟上創造出空間，這樣處理器在白天時才不會負擔超載。之後克里克跟密契森兩人更詳細說明了他們的論點，並發現到，只有不尋常和奇異的夢境，才會完成這項刪除的功能[29]。也因此我們在做夢時，會跟隨著幻覺的想像更進一步，為的是接下來決斷地按下轉台。換言之，做夢就像是希臘詩人荷馬（Homer）其著作《伊利亞德》（*Iliad*）當中，潘妮洛普（Penelope）在夜晚的行為一樣——白天所編織的，她晚上又將其拆開*。

目前可以了解到的是，自佛洛伊德時代以來的傳統夢境解讀，一直針對的都是例外情形，也就是我們在晚上補償，白天時沒有位子或無法排解掉的那些東西。這可以理解為過度性衝動（源自印象已模糊的演化時期古老願望）的解除，但是這也遠客觀於資料的刪除，而且是對我們認知功能只會造成無謂負擔的那些資料。相反地，我們打算以此為基礎，推論睡眠能產生的其實還要多更多，而我們認為這是正常的情形。所以要問的是：我們的記憶是如何不只以「處理東西的地點」的型態呈現（這邊「處理」指的是負面的意義，代表我們只是隨便將其拋棄），其實記憶更像是我們處理事物的場所，為的是開創新的可能性。因此記憶應該理解為一種正面的力量，在我們的生命中幫助著我們。在夢的事物這方面，我們還遇上了相當新的科學發展，進行實驗將快速動眼夢境與白天意識連結在一起。這邊所談論的是清晰夢境，我們置身其中，並帶著意識地共同規畫夢境。這現象確實已為人所知，不過要做清晰夢境需要有特殊的才能，也只有很少人擁有。現在神經研究發現了一種方法，讓每個人都可以夢得到清晰夢境。因此下一章我們會特別感興趣地來觀察，從這樣的夢境中，我們可以為未來的生活學到些什麼。

---

* 潘妮洛普為《伊利亞德》主角奧德賽之妻。在丈夫出海的二十年間，她始終保持忠貞，並為了拒絕追求者，謊稱自己要等織出公公的壽衣後，才能再婚。真相是，每天晚上，她把當天早上織好的部分再拆開來。

第三章

高效能做夢——如何不費吹灰之力進行訓練

有關夢境的敘述，聽起來常常像是遙遠國度的遊記，充滿異國風情，奇特而又令人極為驚奇。而就像遊記一樣，裡面發生的事愈不可思議，我們聽得就愈入神。但同時我們也會愈來愈猶豫：是否應該相信其內容？有沒有可能是有人在幻想，而我們聽別人所講的，會不會其實不是那麼一回事呢？還是說，在某種形式上，夢的敘述只是反映出做夢的人一直以來擁有的願望，然而夢境本身卻可能建議得完全不一樣呢？若劇情太過混雜，我們就會像聽到旅行遊記一樣，遲早會自問，夢到的，是否類似我們想問德國作家卡爾．邁（Karl May）的問題：他真的造訪過自己筆下人物「老破手」（Old Shatterhand）的國家嗎？我們自己往往也是如此，才會在醒來後，仍認為一切畫面還在眼前，既清晰又明確。而當我們還在進行敘說的時候，就必須同時見證到，夢裡所經歷到的，就如一艘飄入濃霧的竹筏般。有些人甚至更進一步認為，醒來的那刻，夢完全不存在，換句話說，夢只是種暫時的幻覺，就像看完電影以後，在電影院出口拿到一張清單，上面寫滿了我在電影裡所沒有看到的東西。

只有一件事能完成補救，就是必須要具備做夢時能夠身歷其境的可能性才行。這邊身歷其境指的不只是從外部借助測量電流及頻率的電極體而已，也得從內部著手。我們要的是，藉由做夢者的眼睛，看他看到了些什麼。

早在深眠的過程中，這就已經是科學的口號了。而記錄下的重播及預播順序，可做為某種程度的證據，證明有事情正在進行，另外還提出建議，說明詳細情形如何，進行的又是什麼。在快速動眼夢境方面，研究還未能以可比擬的方式，將其向外重現出來。但發現的是另一種參與的可能性，至少不用再懷疑報告的真實性，甚至懷疑我們是否真的曾經夢到些什麼，以及搞不好只是我們自己幻想出這一切。在這邊我們要提出一個證人，他以清晰的心智一路追蹤的，是平常預留給做夢者及其生動幻想的東西。而這個證人就是做夢者本身，唯一的差別是做夢者夢中的自我，不再包含在夜晚的劇情中，而是其白日的自我。也就是說夢中的參與，是以完全的意識所全程體驗到的。而就跟透過無線電，我們可以和探索深洞的研究者往來一樣，自己是無法進到那洞穴的。現在我們透過清晰的做夢者有了個前哨兵，可以進入到夢境彎曲的路徑中，只是現在是自願的，並且有著清醒的心智。

如同先前所討論過的，之前就一直有人聲稱自己能完成清醒夢這樣的藝術作品。當然，若不相信他們或他們實驗的概念，也沒什麼不行。然而要科學承認實驗的結果，首先實驗必須讓任何科學家都可以做出相同結果，其次還得找到理由，解釋實驗成功的原因。也因此，必須要能以人工方式製造出清醒夢，而不是等著某個有才能的人，剛好處於那樣的狀況。同時也得有個理論，解釋清醒夢是如何產生的，以及我們以集中意識的方式成為夢境的一部分時，究竟發生些什麼事。

多虧了神經生物學，現在這兩者都成功了。科學或至少體育學方面，也藉由將代理人派遣到我們自己的夢中，讓一切大致上也可以跟著展開。我們將會描述在睡夢中是如何進行訓練，並同時以決定性的方式做出改善。最後，還必須大膽提出一個展望——以我們適應生命的方式而言，如果我們得到了抓取夢的能力（至少只隔一步遠了），那麼接下來會發生什麼事呢？我們會不會成為自己未來的導演，就跟我們產生主動介入自己夢境的能力一樣呢？到最後我們是否可能成為更好的人？

可以在夢中以人工方式呼喚出意識嗎？

這一小節的標題是眾所周知且極感興趣的問題，就連直言不諱的懷疑論科學家們也投以許多關注。德國波昂的心理學家烏蘇拉．佛斯（Ursula Voss）及美國哈佛的精神科醫生艾倫．霍布森（Allan Hobson）都不是那種想解讀夢境的人，直到今天，佛斯仍然認為：夢境，基本上只是腦中切換過程所產生的附加產品而已。然而兩人比較了他們親身遠征進入夢境國度的結果，認為帶回的東西簡直不輸給「降落月球」[1]，他們覺得自己就像重新回到地球的太空人一樣，為的是要「講他們的故事」。此時神經生物學專業文章的理智讀者會心想：老天，這裡到底發生什麼事。就作者看來，對於持科學看法、較為質疑的讀者，面對未來展望頂多只能稍微抱持著正面態度而已。不過，也許正是這些事實上嶄新且極為令人驚奇的睡眠研究，讓我們發現白天思考運作全然無法預見的結果。

這一段時間以來進行了一些研究，當中實驗者被問到，他們是否曾注意過任何一種清醒夢境的現象，又是多常注意到？結果出現極大落差，百分之二十五到百分之八十的受訪者，表示他們曾經體驗過清晰夢境。現在在一項較新的研究中，前述兩位學者發現到，做清醒夢的能力，與年齡有關。六至十九歲的兒童及青少年之中，有百分之五十二的人至少能記得一次的清醒夢。自十六歲起，清醒夢的頻率次數便顯著下降[2]。

大家都對這樣改變的原因進行猜測，有人認為，青少年的腦中進行了重建工作，這工作主要涉及額葉的訓練（尤其是讓我們的行為最後得以控制並可以理解的那部分，同時也負責促進增長的科學知識），而在重建工作當中（我們會在談到神經連結的包圍時，於討論老化的章節再度回到這主題），額葉尚未與其他的腦部區域有很好的連結，也因此仍能在夢境睡眠中有某種形式的自我生命。也就是說某個時間產生活動，在那時間之後會明顯降低黯淡下來。

此外在數據方面，有趣的是，顯然我們在清醒夢這方面可以自我提升。集中注意力在清醒和睡眠之間狀態的人，能夠更常喚出清醒夢，至少看來是這樣。還不只如此，對這現象愈熟悉以及愈常置身其中，就能增加更多影響力。通常來說，所有實驗者裡面只有大約三分之一，表示他們有能力對夢中的情節造成影響（而較年輕的實驗參與者，也就是原本就比較容易做清醒夢的那些人當中，甚至可以到達百分之五十）。從體育學的研究中（這部分主題我們馬上就會邁入），我們得知甚至可以刻意操作夢境，並藉此決定應該要在夢中訓練的到底是什麼，而又是以怎樣特別的方式進行。

夢境的敘述只是其中之一，但我們要的是完全在現場，也就是從第一手得到體驗。為此需要的是在清醒夢當下與做夢者溝通——但是，我們又該怎麼知道這個人清楚地思考著，即使他正在做夢呢？

有一個已經行之有年的方法，藉其幫助可成功達到此一目標。看過電視連續劇《怪醫豪斯》（*Dr. House*）或類似戲劇的觀眾，或許曾經聽過這方法可以運用在所謂「閉鎖症候群」（Locked-in-Syndrom）的患者身上[3]。當所有的身體功能呈現癱瘓時（這也正是快速動眼睡眠時的情形，至少會導致肢體操作受到抑制〔除了呼吸外〕），還有一種運動形式是例外的：眼睛的操作。如此我們便能將實驗執行者及做清醒夢的人之間的簡單跡象協調起來。而這些做清醒夢的人，會指示出意識是否存在，方法為：眼睛會兩次、逐一由左向右轉動。藉由這樣的雙重轉動，據稱可以阻礙被誤認為是快速動眼運動的跡象，或者被誤認為是源自腦幹訊號的那些不定時運動（「眼動」，Saccadic-Eye-Movement）。閉著眼睛由左至右轉兩次看，這也正是能自我們夢裡隧道往外傳出來的敲打訊號。如此就可以理解為，參加者願意、也了解睡眠研究者對其之要求。

現在需要的，就只是在於找到個方法，讓清醒夢不要看起來像是僅只一次幸運而難得的發現，彷若只是在挖掘一大片土地時，忽然在地下通道發現了一顆鑽石。必須要能生產，也就是以可靠的方法喚出清醒夢，到最後甚至可能有能力在特定實驗的輸入和做為輸出的清醒夢之間，製造出因果的連結。而就像鑽石的情形，大家為了要了解，便更加重點性地進行了實驗。如同我們從第二章所知道的，適合呼喚出有意識現象的適當人選，是我們腦波的一種特定頻率，更詳細來說，是γ波的區間帶，可分布在三十八至九十赫茲之間。

佛斯及霍布森現在提出一個簡單的假設：如果意識與這種γ頻率的出現有關，這件事是正確的話；那麼透過簡單加入γ頻率，以達刺激腦部共鳴的目標，意識也必須要能夠被喚醒。而這也代表在快速動眼睡眠中，一般來說，這段期間γ波的活動不是非常明顯。γ波的加入是藉由電極產生，這些電極會透過一頂蓋子，置於額葉及頂葉的上方，也就是跨越在眼睛及太陽穴兩側，專業術語稱之為「跨顱交流電刺激」（Transcranial alternating current stimulation, tACS）。這邊所使用的溫和電壓，則由二百五十毫安培的電流強度所組成[4]。

其結果值得我們深思，首先或許不只因為真的達到了所想達到且期待的結果而已，實際上更發現受刺激的額葉及顳葉區域，接下研究者的節奏指揮，並接收所放出的頻率波——在調整為四十赫茲時，會偵測到意識在夢中放送出的訊號。就像是探測器降落在月球，又將無線電訊號傳回了地球那樣；也好比那些經歷過刺激後醒來的人，其夢境敘述所證實的那樣。

但還有下面這問題需要思考：我們所鎖定的大腦區域，只能接受到非常特定的頻率，其他區域的頻率則無法產生反應。除了施加四十赫茲所造成的成功外，還得再增加一個二十五赫茲的頻率。效果雖說不如四十赫茲那樣明顯，但還是值得比較，因為其效果展現完全不同的結果。四十赫茲時，受試者（順帶一提，他們並不知道進行實驗的研究者目標為何）在報告中提到擁有意味著insight的意識，亦即對自身狀況的新領悟。這些人因而在夢中充分意識到自己正在做夢，也因此已經從另一個角度感受夢境，不再只從夢中自我的內部視角，而是從中立旁觀者的角度，觀察著夢境。自我因而有著分裂的效果，一方面在夢中仍繼續行動，另一方面則在行動的同時觀察著自身。

藉此我們再度連接上了已經在第二章認識過的意識現象，那樣的意識現象最晚會在清醒的階段進行自我調整。當時我們將此過程與戲劇效果相較，夢中的行為者突然領悟到自己的舉動，好像自己在舞台上行動一樣。此外，由於此行為者同時也身兼觀眾一職，身為演員的他現在必須意識到自己的舉動是一齣角色表演的其中一部分。

然而如今顯示出還有另一個效果，正如剛才所預告的，在二十五赫茲加入的時候，會產生調整。現在做夢的人能夠在夢境裡自己產生活動，決定進行的方向。在我們戲劇的比喻中，換言之，行為者在台上得到了自己的意志。

清醒夢的療癒效果

從清醒夢能力當中所產生的未知可能性，我們可以如何處理呢？尤其是出自對夢境故事過程具有決定性影響的選項。早在施加電壓的實驗成功之前，就已經發展出了多樣化的方法，以將內在的意願昇華為清醒夢。例如，像是在白天，或者更重要的是在睡前，不斷練習在思想上與出現在眼前、完全奪走注意力的事件保持距離。藉電玩遊戲的幫助，實驗者理當反射性地自其意識占據中解脫。其他的方法則較為老舊，像是透過聲音或者氣味來喚醒夢中的自我，直到這個自我能夠有意識地在夢中行動，而這些方法的起源甚至可以追溯回十九世紀。

運動學家丹尼爾・艾拉赫（Daniel Erlacher），就是一個想知道答案的人。他發現了清醒夢，為的是不只將它運用在研究上，更為了能在體育的訓練方法本身創造利用價值，並在該領域有意義地進行使用。有意義地接觸、應用清醒夢境，這樣的論述就我們的討論範圍一定不會沒來由。至於這個問題：如果人總算擁有能力，可以共同決定自己在夢中的角色，那麼第一件會做什麼事呢？他的答案是：「飛行與性愛。」[5]

好一段時間以來在體育界，清醒夢境早已不再是祕密武器。在一項對各種運動的頂尖選手所進行的訪問中，八百四十名受訪者裡面，至少有四十四人聲稱他們已將清醒夢運用於訓練上。許多運動員在投身一場比賽之前，會進行一次單調訓練的運動流程，而這樣讓心靈枯燥的練習，與夢的順序卻有一點關鍵性的差異：單調的練習只會讓人看似好像在訓練，而腦部的訓練卻相反地完全具有真實性。在夢境中，夢想是真的，那幻覺是如此完美，以至於在清醒夢中做屈膝訓練，實際上真的會讓呼吸及脈搏加快；當然，上腿部及臀部並不會真的受到壓力然後鍛鍊到。然而，艾拉赫在實驗中，也記錄到了有效力量的增加，這說明了一方面，確實沒有發生肌肉生長的情形，然而另一方面，運動流程的協調卻改善了。若在使用相同力氣的情況下，其使用效率能變得更佳，那結果就又會更加亮眼。以前人只敢在字面上做夢的那些訓練方法，現在已經變得有可能。從樂器的練習我們知道，如果慢慢訓練，就可以達到最好的成果。緩慢地提升速度，雖然也會達到規定的最低速度，但同樣的學習技巧，我們也可以像全力向上跳躍般，一鼓作氣達成。清醒夢訓練的美好之處，在於它行得通，夢境過程會簡單地在分鏡中播放過，就好像練習是在月球上進行的一樣。

清醒夢所展現出的不可多得益處，不是只有在體能訓練方面而已，在心靈方面，許多事也顯示出能藉由其協助而輕鬆運用。每個人都希望能更佳地掌握、應付錯誤發展，而且最好趁還在理解其形成的階段就發現，尤其適用於恐懼，以及對害怕的想像，這都會成為再三襲來的夢魘。其問題基本上在於：透過壓抑情節的強迫性重複，只會讓這些情節更加強化及生根，並無法解除。這方面較詳細的內容，我們會在第五章〈感覺的記憶〉再做討論。現在若成功保留住本身加強的機制，並另外將恐懼的結打開，就會開啟一條治療的道路。

有人試著在白天就達到類似的目標，方法是有意識地審視夜間的惡夢，並專注地檢視故事，以求最後能期待一個好的出路方案。所期望的是，有一天，夢中的本我也能與東西的新轉折相互一致。只是隨著時間過去，我們與屬於夢境內容的恐懼想像都會隨之消散。因此現在在清醒夢中所嘗試的，是當場將方法重複一遍，這樣就能直接在痛處進行操作。若在無意識中的某處，東西排列在一起並不美觀的話，它們就應該馬上再拆散才是，現在也期望以類似這樣的方法，來處理日間的不安情緒。在上台之前會感到害怕的人（例如，受到怯場的折磨），應該能藉由我們的新方法獲得幫助。若現實中無法不受干擾進行的，我們便在夢中練習，並成功實際測驗。好比足球守門員面對十二碼罰球時的恐懼，也可以避免；而鋼琴晚會前，鋼琴師顫抖的雙手，也同樣能藉此平靜下來。

我們能否在夢中得到新的人生展望？

這樣說好了，這全部都還只是新的介入可能性的第一次運用。因為我們一方面會在深眠中進行改善身體的技能，另外一方面也會修復情緒方面的問題。基本上，清醒夢最多也只能幫我們更好地處理人生。我們一直都在做的事，也應該要能夠持續下去，而且要盡可能順利不出現麻煩，或許甚至可以處理得更不錯。而在訓練無法突破或在觀眾面前就緊張得不住顫抖的人，也會感激這樣一個在夢中所教導學會的幫助。

然而要解答我們針對記憶所提出的問題，尚未真正有進一步幫助。因為如果我們新建議的基本論點正確的話，那麼我們的記憶所針對的，已經完全超出了日常生活的範圍。我們期待能夠獲得一種人生展望，而那是我們平常忙碌著生活瑣事所無法注意到的。

在思緒的盡頭，兩位作者佛斯與霍布森也提供了一個展望，他們問：「在夢中反思、甚至能控制自我，這樣的能力，究竟就人類而言有何特別的呢？」佛斯與霍布森另外也思索著，人類是否因為下述特色，才與動物有所區別：我們不需要接收事物的既定印象，而是發展出某種想法——與事物保持距離，並藉此創造出可能性，能夠重新思考個人舉動，並套用到更廣泛的情況內。佛斯及霍布森表示，如此一來人類便具有著「次要意識」（Secondary consciousness）[6]，而人類必須否定動物擁有次要意識。然而，我們並無法證明動物未擁有次要意識，也無法證明動物不具清醒夢的能力。可惜沒辦法詢問動物，若牠們能回答，這問題也就能解決了。那是因為佛斯與霍布森將語言能力連結至抽象思考，以及把距離論當作迎接世界的能力。

佛斯和霍布森在這邊所依循的人類學長久傳統，可以追溯自一九二〇及三〇年代，當時的人類學被理解為一門科學領域，所負責範圍的是定下人類本質與動物之區別——哲學家尼采發現，動物和「目光的木樁」[7]綁在一起，也因此無法真正成為人類。動物生命的重心都圍繞著同一件事：對食物及繁衍的追求，而這部分沒有討價還價的餘地。德國哲學家赫爾穆特·普萊斯納（Helmuth Plessner）則開啟了思想的世界，並將人性定義為其「特立獨行」[8]。根據普萊斯納的定義，人類之所以特立獨行，不是因為有的時候會有些誇張奢華，而是在更基本的定義上，人類只要能適應環境，就會離開其天生所設定之中心區域，至少在思想方面他們要就能辨得到。所以說人類必須了解到，只要他們願意的話，原則上他們一直都能保持變化狀態。而德國哲學家馬丁·海德格（Martin Heidegger）又再延伸這理論——他從我們身上要求「決心」[9]。他要我們自我提升，無懼地跳離平常環境的軌道，背過身去，不顧我們社會上的僵化習慣。旅途究竟該往何方走，根據海德格的說法，這部分最好別讓哲學跟你講。人性與動物本能的基本差異，在於我們對特定的活動有所展望。但即使在這方面，人性依舊是純粹理論性、思想性的預先規畫。

靈長類研究者佛克・梭模（Volker Sommer）很久以來，就已經在進行一場針對人猿偏見的對抗宣傳戰，他提出論述：如果我們覺得自己比這些動物更高一等，就常常太過高估自己了。有鑑於此，梭模認為若我們現在就否定「黑猩猩擁有像是心智理論這種能力」的話，還言之過早[10]。根據他的說法，黑猩猩完全有能力在思想上理解其他人的情緒狀態。一隻黑猩猩完全知道我們知道些什麼，也有可能知道我們知道：牠知道我們知道些什麼。為了要找出這是否有可能，於是他進行了一項極精細的實驗，在實驗中，飼料在只有一隻黑猩猩在場的情形下被藏了起來。藏好後，若還有同類進來，這隻知道飼料藏在哪的猩猩就會對其他猩猩假裝不知道，牠甚至還會欺騙同類。其方法就是牠會不斷往沒放飼料的地方移動，並依照藏飼料的地點以及會跟牠搶食物的同夥，來調整自己的視線[11]。

不過，我們也可能根本不需要證據來證明，動物懂得的其實遠比藉由精細理論所確認的還要多。光是我們的生活經驗，就足夠讓我們領悟到：人類所要求的，不只是單純地離開熟悉環境而已，而是要讓未來每件事情變得不同，讓存在意義變得異乎尋常，並且對不同的可能性表示開放。其中還包含著我們以心靈的自由性，所打算著手進行之事。我們需要目標，以及對未來發展的具體想像。正如我們也都知道的：決心「改變一切」很好，但更重要的是後續的行動。而比這又更重要的，是最後的成果。我們真的不想以不確定的情緒和更不明確的計畫，來對有關人性以及因此與生命存在本質相關的問題下定論。我們想看見的是，新的人生計畫能否確實展現效果，並且符合我們對一般美好成功人生所訂定下的標準。

我們在夢中如何變成更棒的人

在人類學觀點的旅途後，我們再回到清醒夢，更精確地來說是回到夢中清晰思考的自我在夢中應得的登場。也正是那樣的出場，讓我們更有能力了解夢中的未來遠景。還記得二十五赫茲時，做夢者不只會產生清醒夢，某些情況下甚至會影響夢。換言之，做夢者現在可能會一同構思夢境的情節。我們可以根據夢境敘述，以不同解釋或者程度去加以想像。一方面似乎有可能在既定的背景之內，指導夢中自我應該走的路徑：我已經巡視過一段路了，我也就能夠有意識地再回去；另一個可能性則是去影響，並朝特定結局改寫整個情境，也就是夢中自我周圍的布景。若做夢者藉由主動接受影響，成功、且刻意讓其他參與者開始講話，那麼導演權便更進一步移交了過來。我們總想多問問看諸如此類的事情：電影《全面啟動》中，剛過世的父親，究竟對他那在尋找著意義的兒子，說了些什麼呢？探進夢的導演權，其可能性最後的提升在於，詢問真正的夢中自我並讓其發言，在周遭情況下該如何，以及該往何處前進。

但是依照順序，我們再度從身體的部分開始。離開夢中的歧路、再度回來或者又再一次離開的這種能力，顯然已經足夠將其與也更加有挑戰性的目標連結在一起。做清醒夢的運動員，他們白天時以極特定的訓練在做準備，依照願望及偏好，到了凌晨就在夢中將同樣東西再重複過一次。這邊依照各自的急切需求，會有著極為複雜的次序。就曾有一位自由體操選手提到過，他曾將全部的自選動作詳細地進行過[12]。

在敘述的層面上（也就是將夢的故事改寫出來的時候），好萊塢在這時間設立了自己的標準，電影《全面啟動》也可以再做為範例。電影之所以最後能達到那樣的成果，是因為生命的劇情從中重新組合，特別是涉及到生存及道德問題時。美國的電影文學當中，相當普遍的是作者基本上都會認為人類值得、也確實能夠得到生命的再次機會。一開始基本上事情會往負面發展，人迷失了方向、情況不樂觀、沒趕上行動的適當時機等，接著出現了選項，可以再一次全新從頭開始。這通常發生得很突然，對於歐洲大陸傳統所習慣的看法而言，也來得有些措手不及。或許我們最常注意到的就是，當一對情人（我們知道他們會在一起，電影海報就已經洩漏一切了）初次見面時就刻意地發生爭吵，我們便在心中擔心地問道：「劇情該如何從這樣的開頭走出來？」而通常都會以精彩的方式進行，只要男生對女生或者角色對調，簡單地說出類似以下的話：「現在這樣認識的方法真糟糕，讓我們從頭開始吧。我的名字叫做……」之所以說精彩，原因是這樣的話會奏效。剛才兩個人還在用難聽到不行的話罵對方，現在一切就像船過水無痕一樣。

這樣新開始力量的信任背景，其中最重要的就是宗教的動機，更明確來說，是基督新教對於尋找意義的人類，在世界中最後定位的想法。根據這樣的想法：神早就預先決定了一切我們人生之後的道路。所以神也就有個計畫，更明確來說是個療癒計畫，只是我們自己視角受限，無法參透這計畫而已，因為我們靠的是嘗試及錯誤，好發現神要告訴我們什麼旨意。在這方面，職業的選擇也可以做為考驗，因為根據新教的看法，職業與上帝的呼喚有關。這一生證明自己有資格的人，就有希望在來生可以優先被送往他的許諾之地。

電影《全面啟動》是在這樣的文化背景下出現的，另外還有已逝父親在夢中的勸告，就像某種迫不及待的上帝判決一樣。他要兒子不要選這個職業以及輕鬆獲得遺產的路，而是選較辛苦的那條路。這條路要求這個兒子得全部重新來過，但卻可同時在人生中，找到一個他應得的位置及觀念。通過這樣的決心拒絕繼承遺產，他也就同時變成了一個更好的人。

透過這樣的想法而變得偉大的人，在夢中也就能得到非常特定想法的訊息。首先便是在整體上，得到一個次要機會並善加利用。若此時某些讀者回憶起自己的決策過程，對於自己往後的發展有多麼重要，那麼我們也不會感到訝異。或許讀者也還記得，在那樣的時候，夢總是喜歡變得密集而緊湊。記憶以及記憶在我們生命流程方面所進行的基礎工程，在此皆有其必要，而靠的顯然是將這樣的過程，以其所值得的方式加以認真看待。若我們能成功在夢中當導演當得自在的話，也就進一步將對未來的導演權接了過來。

還有一個最後的想法需要補充，而本章也將以此做為尾聲。看起來，夢中的道德忠告，似乎來得有些措手不及與突兀。電影《全面啟動》的劇情結構，也是其來有自：夢中的良心建議不是做夢者自己心態下的產品，而完全源自於外部導演的操作。這個對生命及其特殊情況提出建議的解決方案，不是針對繼承家產的兒子的，而單純是片中父親商場上的競爭者及其幫手所置身的經濟困境，同樣在現實情況中，製片團隊也置身這樣的經濟困境中，他們當然也想將花在拍片上的錢賺回來。Inception意為重啟一個新的開始，也因此與deception有關，其意為屈服於欺騙。

重新開始基本上隱藏著風險，因為我們膽敢往未知的領域前進。之前的生命從未有任何東西驅使著我們，獨自前往這個現在前進的方向，而我們也就沒有做任何事前準備，不知道什麼等著我們，尤其不知道我們是否會成功。做出個完全不同的嘗試並拋下舊有的生活，這樣的主意有可能到最後會證明是條不歸路。當我們嚴重失敗時，我們的夢偶爾會將這樣的景象跑過一遍。而重複這樣的經驗，我們就彷彿置身在一個電玩遊戲中，結束的時候只一再跑出一句話：「game over.」（遊戲結束）。夢藉此不斷提醒我們要再三思考：新的計畫，和已存在的建議或者可證明之才能，兩者之間要如何串起連結。因為這樣，我們的生存才不會隨著活愈久愈輕易破碎，只因彼此之間是毫無關係的片段。而在回顧的時候，我們的印象會是每次重新開始一項行動的時候，就像在轉一個萬花筒一樣。不過，對於一致性以及我們在這世界上真正追求的東西，這樣的問題仍沒有答案。

隨著年紀愈大，這個願望就愈來愈緊迫控制住我們，至少我們人生自傳的大綱是這麼預寫著。它也清楚地說明著：到頭來，即使生命的故事看起來有可能如此的不同，一直都還是同一個人格，單一的自我，而在回顧人生時我們也會再次認出。這個自我，最後會追隨著一個敘述，技術性地有所轉折。如此看來，就是這條連續不間斷的紅線，將所有的情節和危機、所有生命的打擊和決定，以及所有空轉的時間和我們在短暫生命中浪費掉的許多時間，以最低限度連結起來。若人生不再以直線狀前進，那麼至少還有一些時刻，是我們可以繼續從中找到一個目標加以自我指引的。人文科學所謂目的論的餘緒，就是至少也要在潛意識中一起思考最後的目標。

文學評論家馬賽爾・萊希—拉尼茨基（Marcel Reich-Ranicki），曾經以不那麼抽象的方式，對此提出發言。他在自己的電視節目《文學四重奏》（*Das Literarische Quartett*）中用比較粗俗的方式講這笑話，甚至帶著一絲罪惡感的驕傲，說：「身為小說作家界的一個文學奇才，有個這樣的準則——『要跟所有的女人上床，這不可能。』」接著再戲劇性地停頓了一會兒，準備講出哏：「但還是要嘗試！」這句格言原本出自於義大利香頌歌手阿德里安諾・

塞蘭特諾（Adriano Celentano），不過真正的來源，或許還得再更深探民間諺語才行。至少這種花花公子的自我形象必須不受損傷，即使歷經多次或甚至不斷失敗，讓我們自己發現了自身界限。在那界限內，我們最終也能辨認出我們自己。

討論的範圍至此，從夢境回到了人生層面。因為這樣深遠的工作，可無法光是到凌晨時分，就幾乎順帶地完成。為此我們需要完全的專注力，也必須問自己：「這與我們白天及晚上的夢境本身有何關係？」重要的是在清晰的意識下做出決定，即使這決定之前我們只覺得或許有可能而已。我們可以給予生命的事物一個方向，而這方向，過去記憶在進行沉默無聲的附加工作時，只曾輕輕點出而已。曾經以鉛筆淡淡的筆觸打稿的底圖，如今可以用深深的墨水覆蓋上去了。

但萬一我們清醒的意識，到最後決定拒絕這些聰明的建議，以及記憶訊息的那些好聽安慰話語呢？甚至如果我們主動畫掉或不斷塗抹修改這些藉由記憶仔細分析及考慮過，所提供給我們的人生準則呢？或許我們可以試著再讓問題變得更極端一些，最後是否甚至能做出結論：

某個我自己所經歷過，而且也很了解當時狀況的事情，其實不應該是當時那樣的實況才對？我能否讓記憶不再繼續依循著現實，而是依照著願望，也就是想法的起源呢？自身的記憶，是否也能夠意識性地操縱、刻意造假，或者甚至以犯罪的能量將其塑造為非事實的證人呢？這個問題，我們將以一個案例來探討，而做這件事的地點，是個有分量的地方：法庭。

第四章

想像及假記憶——記憶是否真能誠實地欺騙我們

我們正在一件強暴案的法庭旁聽席中，此時在進行著對疑似被害者的提問：到底發生了什麼事？嫌犯是怎麼犯案的？案件是否還伴隨著哪些外在因素呢？在所提到的那個冬日夜晚，有下雨嗎？為什麼鄰居沒有人察覺到？又這位小姐怎麼會在之前就已經製造出撞擊的痕跡，並以相機記錄下之後瘀青的出現？能否請她再描述一遍犯案過程？而且盡量不要漏掉細節。

在公聽會時，疑似被害者所受到的衝擊，活生生展現在大家眼前。而女子回答完問題後，忽然間就嚎啕大哭起來。提問結束了。遭指控的行兇者，在一旁或多或少心神不寧地看著整件事，最後他靠向坐在身旁的律師，臉上帶著絕望，悄聲跟律師說了幾個短句。一個可以閱讀唇語的旁聽者，立刻就能知道他說的內容：「這根本就編出來的，難以置信！她怎麼可以——這怎麼可能！她只是想製造出假象，好像一切真的發生一樣，她不可能相信自己所講的內容吧，老天，這種東西可不能自己胡亂想像！」

直到今日，我們還是不知道那一晚究竟發生了什麼事，沒有獨立的證人，物證也顯然完全不足以釐清當時發生的事情，想有所進展都沒辦法。嫌犯宣告無罪，依據的是這樣一句拉丁語格言：「罪疑惟輕。」（in dubio pro reo.）

然而對於被告，還有個令人心生恐懼的問題，這問題已遠遠超出審判的範圍：如此戲劇化的事，是否真能純粹藉由幻覺產生？在此不需要先認定這名聲稱被害的女子所說的話是真實或是謊言，有沒有可能即使現實上什麼都沒發生，但卻對這樣重大的事件有著記憶呢？我們有沒有可能可以單純透過意志，就片面相信純屬想像出來的事呢？要問自己的是，是否極可能存在著一個持續出現的潛藏疑慮，導致我們對自己的現實情況說謊？

當記憶運作異常的時候

這裡所討論的，是屬於所謂「假記憶」這個更大題目的其中一部分[1]。這方面已經有許多的研究及著作，而大家所假定的往往都是：我們無論如何都想阻止假記憶，避免涉及錯誤記憶。然而我們的問題焦點，卻在於相反的方向：我們不想知道假記憶是如何產生，以避免其產生，我們想知道的是有沒有可能刻意造成假記憶，若有可能的話又是如何造成？我們再次假設：比起做為存放過去感官記憶的地方，我們的記憶還要更具有能力。我們也會看到，記憶是如何望向未來，而且在這方面還具有高度的創見。記憶會安排及重新分組、探查、解讀，並為未來發展奠下基礎，而這發展也就會做為我們生命歷程的特點。若記憶處理生命歷程內容，並不只像個記帳員般，決定白天的輸入哪個該扔掉，那麼我們就能再度相信它具有一定的天資特性。然而如此一來，我們也接近它天分特性的另一層面，而且也不能再只給予正面評價。到目前為止，我們所認識的記憶，是某種提供意見的角色，將我們打造成一個生命的藝術家似的，但是現在記憶陷入了質疑——我們的天分有沒有可能可以收買？是否能夠成功刻意買通它，最後將真的變成假的？

先來談純技術上的功能失常，在這邊只要將記憶再度視為記憶體，就能了解假記憶是如何產生的了。基本上，只需要探討過程錯誤即可，如同電腦這比喻所規定的，這可能會以三階段出現：首先是進行存入或編碼時，接著是在保存時，最後則是再重新調出時。而在進行資料輸入的時候，就很容易遭到錯誤的侵害。因為光是將感官輸入搭配到相對應的概念，就可能證明出困難度。一個不大清楚自己後續遭遇的人，在記憶測試中，那一段的回憶也因此會顯得模糊而錯誤百出，原因很簡單，因為那個錯誤基本上在他之後進行測試並發現之前，就已經存在了。而光是透過回憶讀入、讀出的程序，當然結果也不會變得比較好。時常覺得要找出正確概念很困難的人，通常在記憶方面也有所障礙。研究顯示，較低的智商，基本上會提高記憶出錯的風險[2]。同理，額葉受損的病人，也較容易遭遇同樣問題[3]。

資訊輸入的下個問題，源自於注意力的局限性。一直以來，我們都只能同時感受並有意識地處理數量有限的事物，這顯然跟海馬迴及其周遭環境的頻率關係有關，導致一次只能處理五到九個概念。最遲在圖像變得複雜，且當我們面臨密集的訊息時，就可能會造成不利的影響，如此一來便有許多的細節資訊因為理解能力不足而必須捨棄。在這邊所形容的，也就是所謂的穿線孔式工作記憶。

若我們的記憶在執行任務時遇到更多困難，這效應就會再加強，在陷入壓力時更是。壓力會導致神經調節物質及荷爾蒙釋放增加，其中特別值得一提的是，腎上腺皮質激素及其在腦部的作用。首先，透過腎上腺皮質激素，突觸的效能會提升，這會導致壓力大的時刻特別容易被存入記憶當中。同樣地，荷爾蒙也會造成同一時間及之後其他的突觸降低放電，尤其是那些正在處理其他刺激及輸入的突觸。而此時我們所擁有的印象，也較難保留在記憶中。從這經驗中我們得知：壓力愈強，對造成該壓力時刻的記憶就愈加鮮明，但遺忘隨後發生的事件也會更加徹底。極度的負擔會以創傷作收，最終也會造成之後的回憶完全遭到抑制[4]。

而假記憶的產生，是透過在感受及處理時，將記憶裡開放著的那些漏洞填補起來。我們可以如此想像：如果我們之後回想，並嘗試著將剛才不正確，或不完全理解的東西拼湊起來的話，其實也是有意識地在這樣做。接著我們首先要看的是：尋找方向的感知隸屬於哪個分類；然後再嘗試著將缺少的資料細節，自我們的記憶取出、加以利用。若決定某個物品一直都有著如此的印象，就完全能邏輯性地發生假記憶。舉例而言，某輛汽車一直都有特定的形狀，福斯金龜車就永遠圓圓的而不會有稜有角，草一直都是綠色的，永遠不會是紅色。記憶遭到假造，只會發生在規則例外一次不適用的情況，而除此之外的平常則維持一樣，例如在觀賞的圖畫中，草不是綠色，而是紫色的（例如法國畫家塞尚一幅晚期的畫作），或者福斯金龜車改裝以後，到最後看起來像台廂型車。

在一個我們應該要有但實際上卻沒有感受到主題事物的情況下，我們也可能產生新的感受，以藉此填補其漏洞。接著我們便想像著會再度置身於那個情境，並生動地幻想著：在類似情況下總會出現在眼前的是怎樣的景象。如此一來，所欠缺的印象，便會由類似的感受所取代。而實驗性地加入這些感受，為的是看看有哪些感受合適。例如，我如果丟了錢包，就可以試著重組記憶，看看有可能把它放到哪裡去了，接著就會在心靈中所有可能出現的地方看見這錢包。

最後，再讓自己的想像力自由馳騁就足夠了。這裡是指純聯想，在此處上場，代替我們本來應該要感受到的部分，這也稱為「入侵思考」（Intrusionen）。入侵思考在我們並非有意識地處理記憶中空缺時便會出現，也就是我們會想像實際上情況可以是如何。若我們被以證人傳喚，並且又不清楚做為事實報告最後要記錄下來的描述當中包含了多少想像出來的部分的話，那麼這時，入侵思考就會變得令人不安。

我們記憶中的入侵思考，最後還會導致所謂的「假性認知」。尤其是對很久以前發生的事件容易除了加油添醋以外，還會把每一幕及事情本身都當成自己親身經歷的一樣，但事實上那些場景我們可能根本已經不太可能記得了。舉例而言，兒時回憶很容易受到操縱，只要權力單位（兄姊、父母）秀出表面上的證據，例如相片等物品，就能讓我們改變想法。這部分我們之後會再討論。

就科技層面而言，錯誤也可能在記憶的保留階段產生，換言之，有可能我們在某個時候只記得一個事實，但是卻不再記得是怎麼知道這事實的，這稱為「來源監控」（Source Monitoring）的錯誤。每個就算剽竊他人的主意仍心安理得的人，都知道這樣的空缺來源記憶的箇中滋味。他們以為某事物源自於己，並且不再記得曾經讀過或是聽過，更不用說在哪裡讀的或者從誰那裡聽到的。

最後還可能發生的，是即使在重新調出內容的階段，也會有技術上的失常。大家都知道當聽到一個名字或單詞卻想不起來是什麼感覺，我們也知道自己對這些名字或單詞很熟悉，這在專業用語稱之為「舌尖現象」（**Tip-of-the-tongue Phänomene**），發生在某個名字都已經到舌尖快說出口了，但就是說不出任何東西時。這邊也能提出一個神經學上的造成原因：提升的多巴胺濃度，可能會阻止我們為既定的景象找到一個適當的名字。只要當我們太專注於某一件任務上，就無法同時解決另外一件。如果喝了過多的咖啡，也會容易發生這種事。但只要精神上的緊張再度解除，這樣的情形也會很快過去。不要硬擠破頭，也就是在這種情形下大家口耳相傳推薦的方法，這和我們腦部的活動與消化有些相似，東西最好不要硬吞下去。

是技術上沒能力，還是刻意造假？

技術上運作失常是一件事，但另外也可能有其他更糟的狀況，就是到最後，有沒有可能連意念都參與其中？基本上這想法不太能夠想像，光用聽的就覺得自我矛盾了。然而我們必須假定，至少跟其他種類的記憶相比之下，單就我們的情節式記憶，在行為方面不是那麼穩固。有些學者猜測這是因為我們的情節式記憶仍是演化過程較新的產品，尚未真的成熟。其中有人更進一步推論，若我們將天擇的標準做為先決條件的話，那麼情節式記憶根本沒有真正的用途。畢竟能夠時空旅行回到過去的生物，情節式記憶又有何優勢可言？解讀甚至顯示，情節式記憶是一種彰顯我們存在的純粹美化措施[5]，基本上是無聊之下的產品。

不過，我們要再一次認真檢視這個問題，因為就如同本章開頭的例子所示，當我們將記憶以證人的身分調出，也想要相信其真實性時，當然會與什麼有關。最有可能成功地對記憶有意識且刻意造假的地方，大多是記憶已出現弱點的部分。就我們的猜測，造假會輪番在記憶漏洞處展開[6]。如同剛才所看到的，還在記憶存入的階段時，我們就已勢必無法將所有之後可能值得再次提起的部分都存入記憶中。而隨著時間過去，記憶也會輕易消逝，這代表的是突觸的連結弱化，訊號的強度減低，而使記憶變得易碎。於是我們再度回憶時，注意力也可能會如此集中在所記得事物的特定層面，導致其他層面或許還在眼前，但就是無法叫出口。然而只要我們追蹤某個特定意念的話，便可以在此刻向這些漏洞勇敢前進。

操作要能成功，必須遵守幾個基本條件，其中之一是應該被置入的錯誤陌生想法，不能與真實經驗直接相牴觸。若我們對特定時間、特定地點所做的事，有著特定且鮮明回憶的話，那麼要嘗試說服自己同一個時間、地點發生了完全不同的事，就比較沒有成功的希望。較少程度上來說，當已存在的記憶，在時間上與新內容重疊的情形下，這時那些新內容只會干擾記憶的產生。然而當相鄰的記憶，仍明確與所想像出的過程相牴觸時，在這樣的情況下還要說服自己是很困難的。

而會牴觸之前一般經驗的記憶，也不容易傳達。若有人要告訴我們二加二等於五，沒人會聽他的話。在我們大腦前方的計算中心，也就是對論述進行可信度審核的地方，若遇到上述情形，會直接停止活化海馬迴[7]。如此可以避免無用的資訊保存下來，並進一步接受處理。如同我們所曾提及的，童年經歷相較之下較適合進行操縱，原因是當時所發生的事已經比較久遠，記憶的漏洞也較大。而我們也不確定在那麼久以前，是以怎樣帶著孩子氣的標準評斷自己的行為。我們就是無法斷言是不是曾經在那個地方，真的做過這件或那件事。可能也因此我們會比起平常較快就願意讓自己被說服，告訴自己在記憶方面出了錯，應該要抱著質疑的態度才對。

若基本的先決條件符合了，錯誤想像的植入也就永遠會依循著一個固定的模式：這些之後才送達的印象（為了了解梗概，我們稱其為「二階印象」），會嘗試著將其以體驗過的印象輸出，而這些印象也就屬於一階印象。圖像或者聲音、完整的場景或者敘述，也就會介紹並媒介性地事後補充給我們，而這些遲早會被看成是自己曾在所描述經驗的起源處體驗到的。

要準備將陌生經驗及本身經驗搞混，第一個措施非常容易：某個人將主題之混淆印象，一再展示在我們面前，或者我們會在心靈之眼前重複一次。這背後的思考非常簡單，只要混淆印象愈常出現在眼前，我們就愈能在評斷（不斷出現的）感官知覺時，徹底將自身經驗裡這些知覺的可能來源除去。如同我們平常所習慣的，記憶會透過我們一再地更新而強化，我們通常回憶起的，也就大多會根深柢固。出現在眼前的內容加強深化，這讓那些內容第一次出現的時刻，愈來愈容易受到遺忘。廣告便是每天一再利用這樣的方式來贏得信賴[8]，他們所打的如意算盤是，時間愈久，我們就會愈少追問：「覺得這產品真的好的信念，是怎麼來的？」每重複一次廣告的訊息，自己的信念遭外界想像所覆寫的機率也就愈高。

持續且宣傳性的訊息重複，或許對我們平日的任務有所助益，然而要產生信念、讓自己相信所呈現的內容確實發生過，可能還不夠。接著還需要進行修補，而且進行的地方，就是在將我們帶至混淆之路的部分。若某個人沒有完全忘記自己如何首次接觸到特定的確立事物的話，我們就得為這情形找出對策。而若行至此處，還對當初的實際情況有著足夠意識的話，那就有製造混淆的必要。要這樣做的話，必須把一部分曾經真實經歷過的情境（也就是一階經歷）當成二階經歷的內容，加以單純呈現。其技巧運作如下：為所希望達到的幻象，找尋一個真正的經驗，其中得出現類似的內容。

著名的例子就是所謂的「兔寶寶實驗」。許多人在孩提時代或青少年時，都曾經造訪迪士尼樂園，並在那裡認識許多漫畫及童話人物。我們請實驗者敘述他們當時的回憶，接著實驗進行人員也加入，並提及開開心心地跟兔寶寶握手的有趣經歷。陷阱是，雖然能在漫畫中看到兔寶寶，但在迪士尼樂園其實見不到，因為兔寶寶這個角色的版權為華納兄弟公司所有。之後再訪問同一個實驗者，並問他在拜訪遊樂園時，是否也有遇到兔寶寶？許多人紛紛表示「有」。之後這實驗的設計不斷地進化改善，其中一個版本場景，是設定在共同參觀博物館的經驗上。待之後見面進行討論時，擺出了圖片，不過不只放入該次參觀所看到的，還包含其他場次參觀的圖片，而上面有著確定實驗者不可能看過的畫作。將這些假的圖片混入一組實際看過的圖片，許多次實驗都顯示其成功，混淆的目的達成[9]。

但我們混淆的可能性還沒到達尾聲。我們還能再一次精細化實驗方法，方法為：將順序第二的代表，更優雅地建構入一系列的順序第一代表中——其實就是把它偷渡進去。其中一個訣竅是利用系列的法則，讓類似的東西排列在其他類似事物的後面，例如，兔寶寶接在唐老鴨後面、梵谷的話就接塞尚……而只要某個在我們心目中認定會更加了解以及清楚所經歷事件流程的人，也為這欺騙背書的話，另外一個訣竅也就參與其中。像是在前述最後提到的那個範例中，這背書的角色是博物館導覽的活動負責人。他對我們而言，是個有著特別權威的人，畢竟他當時受託規畫與執行這項行動的任務。而顯然在孩提記憶的部分也會有同樣的效果，如果父母保證地說：「某件事當時是這樣，或是那樣。」

另一個好例子，則跟當時人在事件發生現場，而現在正敘述其經過的專家有關。例如，發生意外時，會有專家記錄下來，並借助科學重新拼湊出過程。即使在訊問時，證人臨時想到的簡單證據跡象，也會留下痕跡。但如果偵查員警問我們：「是不是黑色車沒有禮讓黃色車的優先路權？」我們也會突然改口自己的描述內容中，有關車子顏色的部分。理性的認知，會帶給事件負責人一種權威，而記憶顯然樂於屈服其下。另外帶有類似權威性的，還有事件描述的數量，例如，如果所有其他證人（或許還毫不遲疑地）聲稱：「看到的是一輛黑色跟一輛黃色的車。」此時儘管我們還沒進行最後發言，記憶中發生意外車子的顏色，馬上就會像已經換了烤漆一樣。

我能自行欺騙記憶嗎？

記憶可能會欺騙我們這件事，大家都很清楚，有時候也會以慘痛的方式了解到這點。而一再受到欺騙、甚至還掉進其他人為我們設下的記憶陷阱，更不是第一次發生。但要是到最後，如果自己就是製造出欺騙印象的人，也就是自己引入措施來造成假性回憶的話呢？我們能否在記憶方面愚弄自己？是否可以操縱自己的記憶，並藉此輕易壓抑住「我自己其實就是操縱者」的這個事實？

要想解答這個特別的問題，最新的腦神經生物學研究能夠幫我們一把。科學家發現，負責喚醒記憶的同樣系統，也會參與其他任務的執行，特別是在我們幻想或甚至任意捏造未來事件的時候[10]。本質上，會活化與回想過去，並讓過去的事再度重現在眼前的，是相同的腦部區域。同樣區域的活化情形，也會發生在幻想未來，並在心靈中模擬的時候，甚至純粹假想一件事及其編劇時也是。這是在進一步研究腦部所假想的休眠狀態時所發現的，而這部分已經在夢境的章節討論過。我們如果沒有在進行特定的事，注意力也暫時放鬆，那麼預設模式網絡就會一直處於活化狀態；接著便能造成較自由的聯想，這跟白日夢或晚上做夢，有著類似的特性。現在有個令人驚訝的發現來了：顯然並非只有不同的夢境情況（亦即白天及夜晚的自由幻想），才能互相比較，許多證據更指向，由實際經驗產生且忠於事實的記憶，甚至也會創造出同樣的活動模式，就如任意製造出的想像那樣。

然而，功能核磁共振成像儀（fMRT）的最新實驗則指出，要歸納出這樣不太明確的感覺或想法，可能還言之過早。首先發現到的是，想像未來情景以及回憶真正經歷過的事，兩者之間有著可測量到的差別。在想像未來的時候，記錄到的是在前額極的區域（也就是額葉及海馬迴部分）有著活動加強的現象[11]。額葉內的區域尤其會運用在建設性的任務以及事先計畫上，而從其加強使用便可邏輯推理出：如果有東西任意設計出來、並顯示出不特定的特性，那麼這些區域就會有較多工作需要完成。這也適用於海馬迴活動增多的情形，因為海馬迴通常負責的，是貢獻出清晰易理解的內容。想像中還未定案的愈多，也就需要自檔案庫調出愈多圖像或其他元素。科學家在海馬迴內又再細分，並發現前海馬迴只有在組成未來印象的時候才會活化；左後海馬迴則在重新啟動過去印象及建入未來印象的兩個時機都參與其中[12]。

我們可以從中得到什麼結論呢？首先，是額葉中所產生的通常很接近意識的門檻，也因此跟我們平常例行做的事或在夢中處理的事物不同，而導致自我檢查時不太容易看得明瞭。

如此一來，如果我們主動將手探入記憶的話，就比較不容易透過自身參與程度來欺騙自己。新的記憶情節大多不會在第一次創作就出現，必須要一再地進行協調以及時常地重新構思。

自我欺騙則困難許多，需要等到與其搭配之圖像或聲音素材，以及可能還有其他感官印象必須重新產生的時候才行。此時海馬迴會被分配去進行許多工作，原因是常常必須喚出許多不同的想像，以其材料建造出新的劇情與相搭配的場景，並協調性地將其組合在一起。

接下來的難題，每個想成為作家的人應該都不陌生。例如，上特定課程時所學到的第一課，其內容是關於特別注重細節，這可不只盡可能寫得生動、易理解而已，也得從某個已知內容中無法預料到的情節，試著找出一個特別的細節。我們總會將劇情的描述當成是真的，或至少有信服力，不過前提條件是這背景當中至少要有一件事物凸顯出來，是我們覺得獨特，卻又具代表性的。推理小說尤其需要這樣的強調，以幫助錯綜複雜的情節發展下去。例如，在描述一間平民風格的客廳時，強調的重點可以是個原本沒注意到放在那的舊布偶，但之後透露出壓抑的童年經驗以及深藏的犯案動機時，那個布偶就又會重新回到我們的腦海中。或是某個喜歡裝酷的銀行家，他覺得太花的手機殼、一個比外觀看起來還要重的杯子，到最後都可能發現是犯案的武器；甚至是探員臉上某個時常讓人分心的不尋常神色也可以，只是到了最後，這些細節都讓他走上了正確的辦案方向。

如果這堂課沒有學好的話，那麼遲早會在類似本章一開始描述的法庭情景時遭到反撲。

心理學家，當然還有檢察官、律師以及法官都知道，一段敘述聽起來愈有可信度，所得知的超出原本劇情架構的內容就會愈多。這便是為何需要反問的原因，如此才能更清楚了解事實情況。然而重要的還有證人自不同角度重新敘述同樣場景的能力，當時真正在場的人會有能力憶起愈多的新細節，而這些細節都是從不同角度感受到的，且能探討到事件的其他層面。也因此，在審判過程中會一再提問相同事情，目的是要測試證人能否以同樣的話語，不斷陳述他們所聲稱當時活生生發生在自己眼前的事，還是說他們是否只是在探求其他的說法？而若場景愈加複雜，也就愈難以完整重組出事件，也愈有可能遲早會在編造故事的時候，陷入自我說法矛盾的情形。因為在漫長的訊問過程中，每個人都會感到疲憊，那麼這時說謊的人遲早會開始口誤或詞窮。

此外也會發現到，趁印象還鮮明時，要清楚地重新描述某個情境也容易許多。因為在學習不久之前，所使用到的腦部區域都仍活躍著，也就是後視覺皮層的空間，包含梭狀迴、舌狀迴、枕葉及楔葉[13]。在事情發生後立即就被訊問的人，不但事物的形象會更鮮明地出現在眼前，就連之後要記住這些所討論主題的印象，也會記得更清楚，至少相較於在事件發生後不須對其做出評論之事，會更加記憶鮮明。

不過，就算最後成功騙過其他所有人的法眼，但還是騙不了自己。因為當我們回到自身幻想所精心打造出的產品，並把它介紹給自己或他人之前，某種如同良心的聲音顯然又會再度出現。到最後，偽造的記憶和真正的記憶不會保存在相同的記憶抽屜中，因此存取的方法也有所不同。如果刻意想說謊，我們自己也會意識到；就算我們並未完全意識到自己正在處理假造的內容，但大腦顯然還是會再次走出一條不同的道路。

我們是以下述的方法走上其軌跡：神經科學家岡田代子（Yoko Okada）及克里斯多福．斯塔克（Christopher Stark）發現，我們在記憶中費力搜索著什麼的時候，右前扣帶皮層也會受到活化[14]。之所以費力，是因為顯然還存在著不確定性（究竟所回憶的內容有多精細，以及其詳細內容為何），然而若記憶裡出現原本不屬於該處的元素，記憶的事物也會因而彼此牴觸。在那樣的內部衝突時，同樣的腦部區域也會活化。最新研究指出，當我們記憶正確時，在前視覺皮層及右海馬迴也同樣會記錄到更劇烈的活動反應。然而當我們存取假象記憶，可是卻不願刻意地進行欺騙時，則不會如此[15]。

但我們是否因此早就意識到所探討的記憶並非真的？這部分尚未有進一步的研究。

到了最後，看來我們剛開始時的直覺可能還是對的，確實可以嘗試說服自己某件事跟當初實際上體驗到的不同。然而這樣的嘗試，似乎不斷在衝撞極限，在置入錯誤意識的同時，腦部也加入運作，而其活動可能只會變得難以受意識閾限所控制。需要一再穿越並重組特定場景的人，通常要有清晰的頭腦，而與晚上做夢不同的是，此時無法避免一般對我們心靈活動的監控審視。同時也需要廣泛的視覺素材，因為要想激發出擬真的表象，首先就必須自四散的不同回憶，或者從其他媒介進一步的搜尋中，找到並組合那些素材。此外在特殊處理這些材料時，也需要有技巧以及一定的狡黠，如此才能在有人詢問時，為自己的敘述帶來足夠的變化，這樣也才不用一再重複自己說的話。最後，只要涉及到真實與假造記憶的區別，我們的記憶管理也會有話要說，顯然這兩者並不會在同一個神經元系統進行協調，而有著各自的存取密碼。

但是這些案件告訴人的敘述報告又該如何處理？看起來確實完全不像是真的，或者應該說，一點真實的可能性都沒有，但當事者確實將其保留了下來。例如，紀錄保存得最好的是那些宣稱自己被外星人綁架，然後被拘禁在太空船裡面的人。如果好萊塢即將撰寫外星人入侵的故事，這些人就會被當成專家般諮詢相關劇情，並隨之重新建立起名聲。但若是在現實生活，大家會認為這是種「虛談症」（confabulation）的案例。虛談症的病因，大多是腦部眼窩前額的病變或損傷，而動脈瘤、阿茲海默症、酗酒及其他藥物所造成的出血，長時間下來都會造成腦部缺乏硫胺（維他命B群的一種，屬水溶性），而這也可能是病因之一。

此時或許必須要有個具有天分、更重要的是有著豐富想像力的導演，來著手處理我們在本章一開始所描述的強暴案內容，以提供我們找到完整解釋的希望。因為如此一來，如同事實所呈現的，告訴人對其所堅稱看到的想像內容，若非是個不良自我催眠的案例（講難聽些，也就是完全在撒謊），不然就是她所聲稱的完全是真的。假如真是這樣，那她純粹只是描述故事時的表達笨拙，而導致別人懷疑。但又反過來說，此時好萊塢也能再幫我們一把，此問題另外還有個解決辦法，就像是個來自星星的故事，在那裡，回憶與幻想的界限，可能變得如此相通，讓踏進幻想的國度既非陰謀，也非犯罪。

第五章

感覺的記憶——為何我們總是興高采烈地回憶童年及初戀，卻又忘不掉咬過我們的那隻狗

這章所討論的是非常特別的時刻，例如，我們踩到了一顆玫瑰果，它碎裂了，接著我們試著去除掉還黏在鞋底防滑紋的剩餘部分。此時這顆橙色果實不尋常的苦澀香氣突然飄到了鼻子裡，忽然間我們便看到了童年的景象，想起父母第一次拿玫瑰果給我們看，並告訴我們生長這種果實的灌木植物叫什麼名字、果實可以有何用途，接著邊講解邊將果實給掰開。或者再舉個例子，你與妻子或女友，共同出席一場盛大舞會。經過一排排桌子旁時，看到了一名年輕女性坐在一旁，身上穿著香奈兒的水蜜桃色洋裝，以及那條用非常特定的方式圍在肩膀上的白色披肩。這種搭配風格你馬上就認出是初戀女友在畢業舞會的穿著。此時即使身邊正圍繞著舞會的噪音，你卻仍覺得自己彷彿再度置身回憶的泡泡當中，不受所有其他的印象

干擾，沉醉在與當時女友在一起的內心景象中。在這一刻你就像是變回了曾經的青少年，深深愛上了某個年輕女性，但這名女性現在可能已是育有兒女的幹練母親了。

只要遇過這種時刻的人，都可以試著去談論那些發生在我們身上，有如從過去打了道閃電過來，內容大多明確，並充滿著熟悉的感覺。文學很早就發現這種所謂的瞬間情境再現當中，潛藏著怎樣的潛力。法國作家馬塞爾．普魯斯特的《追憶逝水年華》是最知名的例子。文中敘事者將一塊瑪德蓮蛋糕浸入椴樹茶，其滋味及香氣將他忽然間帶回到還是個小男孩的時候，在孔布賴（Combray）拜訪萊奧妮（Léonie）姨媽的場景[1]，而童年的世界也隨之再度展開。哲學認為藉由這樣的時空旅行，我們享受到脫離現代關係的一段時間，而這些關係，基本上都關聯著壓力以及快節奏的時間管理。奧地利作家羅伯特．穆齊爾（Robert Musil）為此找到了一個美麗的形容方式：「生命的假期。」（Urlaub vom Leben.）而許多哲學家也紛紛研究這現象，包含了從德國哲學家馬丁．海德格開始追溯，回到埃德蒙德．胡塞爾，最後追溯至亨利．柏格森（Henri Bergson）。

但這樣回憶的當下，我們的腦中究竟在進行些什麼呢？基本上，文學家及哲學家們的推測還算正確，瞬間重歷其境，意味著會回到一個完全不同的前現代時間感知。我們必須將演化納進這樣的解讀中。接著便會在實際情況下發現，如此他種形式的記憶，源自於構成我們腦部極為古老的結構，而當時我們還與爬蟲類及哺乳類有著較密切的關係，自然也還不是現在這樣的文明生物。我們必須回到那段過去，那時候嗅覺對我們而言，要比現在更加重要，並且將這樣的感官能力運用在適應世界，以及邁向正確的軌跡——這也是許多哺乳類動物現在仍在做的，你想想狗、貓和老鼠就知道了。

在遙遠而模糊的史前時代所遺留下來的，今天可以在我們腦部的解剖中獲得證明[2]，在嗅覺細胞跟到大腦皮質間，存在著一種特別的連結。其他的感覺器官所受到的刺激，會先存入「丘腦」（Thalamus）中，這是個常被形容為「意識的大門」的區域。我們所聞到的氣味，無需先進行有意識的評價過程，就能在我們身上造成某種立即的反應。而若像是海馬迴或者杏仁核（Amygdala）這樣的中心（這部分我們之後會再更詳細探討）受到嗅覺印象活化的話，這樣的直接切換會變得更明確。原因是，緊接著在我們有意識地採取特定立場之前，我們就會產生出感覺，這些感覺也因此會讓我們驚訝，或者講白一點，讓我們陷入情緒之中（這部分杏仁核參與其中），甚至是在我們心靈之眼前出現無法預料的畫面，而無法預料的原因，是因為我們已很長一段時間有意識地不與那些圖像接觸了。

我們記憶中的時間旅行，其心靈圖像類似於來自過去日子所沖刷下來的漂礫。而那些圖像產生時的情景，早在我們之後演化為文明生物的發展過程之中融化消逝。也因此當我們置身於清醒的文化意識裡、卻忽然面對這樣的遺傳痕跡時，會感到驚訝也不足為奇。而擁有這些遺傳痕跡讓我們完全不知道該如何是好，除非我們自己在過程中感到開心，並從中找到美學上的享受。

普魯斯特式的回憶

在時序進入到兩千年時，神經生物學家開始以實驗來探討剛才所描述的「瑪德蓮蛋糕效應」，它基本上具有四種特質，是普魯斯特式記憶（之後都會如此稱呼）所具有的特色，而每種特質的先決條件在於必須透過味道或氣味來喚醒記憶。不過在評估味覺和嗅覺這兩種感官時，應該要特別注意的是，在我們所品嘗的東西裡面，很多其實是用聞的，如果鼻塞，就會發現食物的味道也不對了。換言之，嗅覺有著一定的優先性。

第一個標準牽涉到回憶的紀錄性日期，也就是所喚醒的回憶源自於哪個年齡；第二個標準則鎖定記憶的情緒性，也就是關於我們童年的生動回憶，究竟帶有多少程度的情緒；第三則與記憶的生動程度及強度有關；而第四個，所必須以實驗證實的是在英語文學稱之為being brought back in time的感覺，直譯就是「突然被帶回孩提時光的現象」。

為了能從中獲得資訊，我們進行了一項實驗，其方式便是觀察類似的時間效應在實驗者的心靈之眼前展開時，腦中究竟在進行些什麼？為了此一目的，科學家將實驗參與者放入核磁共振成像儀中，並使其面對能造成這種特殊類型記憶的氣味、圖像以及言語，接著會對他們進行提問。這部分的實驗證實了，如果我們再重新開始審視第一項標準的話，記憶的時間會有著不同的長度，年齡正是造成該記憶的原因。有個瑞典的研究團隊，讓九十三名中年人也面對氣味、圖像以及言語這三種類型的記憶關鍵，而氣味所造成的回憶，基本上會比圖像視覺或聽見詞彙相關的回憶來得更久遠；而在印象方面，產生自記憶的，在氣味部分確實是童年的情境，更明確來說是實驗者一直到十歲（含）之前所體驗到的事件；相較之下，藉由言語及圖片所再度喚醒的，則是介於十一到二十歲之間所發生的事件[3]。

核磁共振成像儀中，所要提出的下個問題是感覺的品質，因此就來到了第二個標準。在一個以色列的研究中發現，藉由氣味來形成記憶內容的過程中，左海馬迴及右杏仁核尤其活躍[4]。有關於杏仁核（或許應該說杏仁核「們」會比較好，因為一左一右共有兩個）這個因外型而得名的部位，所處理的主要是情緒的產生，尤其是負面的感覺及情緒。由於這些特拉維夫大學的科學家在實驗中提供的是不好聞的味道，也因此事先可預料到杏仁核會出現的反應。之後我們還會再做更詳細討論，杏仁核部分先就此打住。

就我們所討論內容而言，對雙杏仁核的作用，要比氣味還要更具訊息重要性的，是海馬迴的活化，因為這也關聯著情境式記憶的形成。在之前所提及的情況中，我們的出發點正是自杏仁核通往海馬迴的橫向連結。會在我們身體當中造成情緒的，馬上會再被傳導出去，而那些不只學習，更同時與情感連結在一起的事物，我們基本上會比較容易記住[5]。光是好幾個記憶系統參與其中（以我們的例子而言，也就是情感系統及認知系統），這樣的情況就會提升長時記憶的可能性。也因此不意外地，在〈導論〉中所提到的那位病人亨利．莫萊森，對他而言，所有香味都一樣——他確實是聞得到那些味道，但卻失去了區分的能力，還記得嗎，他的海馬迴及周邊區域，包含了杏仁核，都被以外科手術的方式切除[6]。

在構成記憶方面，還會有東西在杏仁核活化時加入其中，打個比喻，可以說是有個渦輪啟動了。換成稍微科學一點的話，意思就是壓力參與加入，並導致荷爾蒙（腎上腺皮質激素）釋放，進入血液當中，這些激素會再湧入腦部，依附在基底杏仁核的神經元處，並藉此在該處更強烈地活化杏仁核。接著從該位置通往海馬迴的連結，也就會隨之啟動。而這又會再造成情緒及其連結的壓力，所出現的那個情景將更加鮮明地留在回憶中。若要再戲劇化一點，也可以形容成像是烙印至記憶當中一樣。我們目前還停留在愉快的童年回憶部分，如果東西能記得清楚的話，這可能對我們來說會是令人愉悅的一件事。但我們當然還是必須討論那種記憶固定、其中不美好的部分，只可惜的是，即使是不好的印象也同樣很容易烙印在腦海，也因此要再度自記憶中除去或者逐漸淡忘，並不容易。

不過為何氣味會喚醒我們腦中的記憶，我們首先有個可能的解釋。通常，記憶似乎與感受連結（無論是正面還是負面的感受），在我們對帶有該氣味物體形成更加客觀全面的分析之前，氣味就會先活化杏仁核，接著在這氣味造成立即的印象及情感上的評價之後，海馬迴會活化並授予任務，接受、並記錄下這種特別氣味所出現的情境[7]。

驚人的是，氣味與記憶中的生平經歷，竟然一次就能連結成功。特拉維夫的科學家們發現，光憑之後所馬上進行的重複事項，並無法記憶得如此清楚，但若嗅覺不斷地刺激，且在不同環境中接收到，受損的竟然不是重複的後續事件記憶，而是原來的經歷。隨著其他關聯性頻率逐漸升高的重複過程，原先這氣味與經歷環境之聯想，最後也就崩解在一塊[8]。其原因我們只能揣測，大家也都知道，對某件事感到的驚喜只有一次性，也就是該件事在我們完全不知情的情況下發生時。而類似的事情，也會在氣味及環境方面發生於我們身上。只有當這些氣味頭一次透過嗅覺感官的熱線聯絡到，並因此完全影響到我們，我們才會因未做準備之故，對接下來會發生的事物處於提高接受度的階段。在一個非常特定之環境中，頭一次接觸到某個氣味，會標記或更正確來說是會編碼出一個相配合的情況。與其他感官不同的是，嗅覺聯想的產生較不受到外界干擾，而這印象目前也已經由實驗證實。認知心理學家傑穌阿爾多．祖可（Gesualdo Zucco）所研究的主題為：記憶當中，嗅覺回憶相較於視覺及聽覺的印象所能持續的程度[9]。實驗者會因此分配到三種不同的刺激源，再進行回憶測試，其中以嗅覺刺激結果表現最佳。在描述普魯斯特式的回憶時，我們就已經從中預感到：嗅覺的印象在我們的童年中，可以多麼深刻。但同時也會發現，早在幼兒或者在子宮胚胎的階段，我們就已經發展出口味的偏好。母親的飲食習慣可能是成因之一，她攝取營養的方式，顯然會在我們身上造成對特定菜餚或飲料的喜好傾向。實驗同時也進展到將特定文化或民族的飲食習慣，與我們還沒出生前的口味發展，建立出連結[10]。如此看來，口味並非遺傳所造成，而與我們在娘胎時受到的深刻影響有關。

回到我們的問題清單：為什麼有人喚醒我們童年的想像時，會如此歷歷在目呢？這問題也可以從實驗得到解答，原因是第一次體驗到這情況時，海馬迴處於高活躍狀態，並讓我們得以接收下豐富的資訊細節的關係。特拉維夫的研究者們，依照記憶存入事件當天第一次的回想，以及將一週後的記憶重新調出，針對活動之區域進行調查，發現海馬迴當中，顯然還會進行從其中一區域到鄰近另一個區域的分配改變。若我們將這樣的時間拖延計算進去，在童年時也就能夠察覺到，什麼事是在我們年老做為重要回憶時，所需自過去歲月中取出的。其所需要的，就只是個適當的時機而已。

數據告訴我們，氣味可能造成早期的兒時回憶；言語及圖像，則對青少年時期的偶然事件具有重要性。範例教材的測試，常常喜歡用*初吻*這件事做實驗。跟嗅覺一樣，在閱讀文字後馬上就有相搭配的圖像出現。而我們在討論氣味時，所提到過的相似性，在這邊也同樣適用，愈多某種程度的緊張、興奮以及情緒參與其中，經歷過的事愈有可能留下長久的印象。

即使到最後，只是神經元在所決定的腦部區域和海馬迴內部及其四周強烈放電，也足以在某種情況下決定性地改變我們的人生。

我們最後一次回到文學的例子，也就是我們特別與氣味連接在一起的童年印象，其中還需要釐清為什麼這些印象（在這一方面，嗅覺回憶基本上與其他印象有所差異）會像是一道不知從哪打下的閃電般不可預料，而且幾乎是一次性地出現。但相對地，出現在眼前的，是未附加在其他印象上的強度及特質。這樣一來，如果我們將時間旅行的想像與感覺連結在一起，這想像便化身為另一個不同的想像。我們感覺自己一瞬間，再度**實際**置身事件的起源地，**實際**看到當時所看到的情景，聽到當時周遭的聲音，感受到當時置身的內在心境。

數據再度提供我們一個關鍵性的指引，以做為可能的解釋，其內容說的是與氣味連結在一起的想法，實際上從來不是思考出來的，也因此，不是我們平日或通常會處理到，以過去的訊息形式突然出現並讓我們驚訝的東西[11]。這首先有著生命紀錄的原因，畢竟為什麼在成年人的生活中，還需要去注意某次星期天踏青的哪個時候第一次踩到的一顆玫瑰果呢？即使真有研究玫瑰果的學者，對他而言，這也不可能對日常生活或者工作有任何重要性。

另外，腦部生理學的變動也需要列入考慮範圍。記憶中，從氣味刺激到文字及圖像資訊的轉換，無庸置疑與青春期大腦及其結構的大幅改變有關。而在這部分，大腦的行程以及訊號傳導的加速，則扮演著重要的角色。嗅覺感官對於理解世界方面，在次序上繼續往後退，而我們理性的接觸及處理方式，則變得更加具影響力且重要。我們也可以這麼說，是在個人的層面上，重複經歷人類物種已經歷過的發展，或者以科學用語來說，就是個體所發生的，就物種來說已經是事物的新狀態。

在這種想法的背景下，我們可以將被帶回過去的感覺，以雙重意義進行理解。在想像中，我們回到了自己的童年，卻也同時回到了人類的童年。氣味將我們帶至某個時間，那時世界對我們而言，還只是一大群氣味而已。這是一個讓我們感到自在的世界，在此我們回憶起應該要在何處重新找出美好部分，而需要應付的不好的部分又潛伏在哪裡。這會是一個導向定位必須立即成功的世界，否則我們會明顯占下風，輸給那些在尋找和逃亡時，比我們更快、更敏銳的人。我們回到了一個過去的世界，最後在這世界中，友情及戀愛關係仍會固定其中，無論我們是否能（持續）聞得到另外一方。

如果某個嗅覺氣味將我們帶至味覺上的話，童年的回憶也會因此鮮明而原封不動地出現在我們面前，原因是這兩者在我們記憶的遙遠深處存活了下來。就像鳥類棲居在一座自大陸飄移離開的島嶼上一樣，還是鳴唱著同樣的歌，但在大陸上，大家早就吟唱著別的調了。童年的回憶如此看來，就像天堂鳥一樣，自遙遠的某處飛來，並奇異地令我們吃驚。

如此一來我們也必須向自己解釋，為什麼這不會像其他的想法或幻想般，不斷重新記憶、並遭到覆寫呢？就像我們在第一章所描述的，這畢竟是記憶的基本輪廓，以至於不可能一直保持在原封不動的狀態，而是根據現在這一刻為我們帶來了什麼新鮮和有趣的東西，去持續適應並重新調整。我們突然襲來的童年回憶，藉由氣味的出現而傳達，卻完全不會受到重新評價或依現在的眼光重新解讀。我們透過這些回憶所能辨到的一切，也就是其存在的純粹喜悅，以及以人文科學講法來說的「美學的價值」。基本上我們將回憶視為博物館裡的圖畫，而不可思議地訝異這世上竟有我們預料不到，或者很久（再也）沒有預料會看到的東西。童年記憶只需要懂一件事：傳達一種特定的感覺給我們，告訴我們在消逝的世界中，情況是如何。而童年記憶做這件事，並不需要我們的主動要求。之後產生的，就頂多是文學或者電影藝術了。

於是我們也就動身，跟隨著英國作家路易斯．卡羅（**Lewis Carroll**）及其筆下最有名的角色愛麗絲，一同前往夢遊仙境；我們跟隨著普魯斯特，展開對逝水年華的追憶，並以忠實電影迷的身分，陪同班．史提勒（**Ben Stiller**），踏上他《博物館驚魂夜》的巡邏。

一朝被蛇咬，十年怕草繩

現在讓我們直接切入重點：感覺記憶（或者也稱為情緒性記憶），是記憶方面唯一一個不帶有神奇天分的部分。在感覺記憶裡，找不到與自發性後續發展、聰明的修改更新及創意的未來規畫之相關連結。經證明，帶有情緒的回憶對於我們理性的干涉有抵抗性，會不斷自其脫離，或者完全不受理性干擾。

然而這其實完全可能有著正面的效果。只要回憶是愉快的，我們便表現得浪漫，並樂於讓自己被帶領至現實生活的反面世界中。在那邊等著我們的，是如同印象主義畫家畫作般的印象。哲學家特奧多爾．W．阿多諾（Theodor W. Adorno）曾經認為，這些印象主義者只有在星期天才認識這世界：一切都如此的超脫，並有著自己的光環。同樣是哲學家的華特．班雅明（Walter Benjamin）則將其定義為：「特別的時空網絡：遙遠時間的一次性出現，即使看似那麼的接近。」[12]

然而，如果效果並不正面，且回憶是令人不愉快的那種的話，魔法很快就會消失。到這個時刻，我們情緒記憶中過時的部分，也就會演變成問題。對於一個我們至少應該要嘗試著將事情做得更好（或者至少有差異）的未來，這些記憶沒有對其保持開放的態度，反而少見地以頑固之姿堅守著不願放手的過去，將我們牢牢銬在亟欲擺脫的回憶上，只因為這些回憶實在太令人不開心或者甚至心痛。再借用尼采的比喻，我們就跟動物一樣，被綁在「目光的木樁」上、只能四處繞圈，但其實想要前進。我們很早就體悟到：有些東西必須放下，像是一次痛楚的經驗、一段不順遂的感情、一段艱苦的童年等，但我們就是無法成功做到。

我們再藉由普魯斯特來提供一個合適的例子，他的小說《追憶逝水年華》另一個重要的主題，也就是「嫉妒」。而某些無可避免產生的想像會與感覺產生連結，也與嫉妒有關。只是在我們的例子中，不再是那些美好的孩提回憶，而是有可能遭到背叛或者失去心愛的人等這樣的幻想畫面。〈斯萬的愛情〉（Swann in Love）這一篇的男主角，他那經歷過傷害而顯得害怕、焦慮的靈魂，為自己尋找著與心情相符的圖像，而原本無害的場景便接著想像了出來，為的是證明欺騙牽涉其中，或者曾經嘗試欺騙過。

但我們為何會出於嫉妒而做出某些事，並且無法罷手？即使我們可能早就看穿了這點，想法上也已經走過來了，但為何甚至在分別好幾年後，我們若是見到曾經的另一半，還是會感受到一股強烈的情緒？尤其是，這是我們自己想要的嗎？

我們之前就曾說明，有關杏仁核以及其對回憶的貢獻，得再做討論。若有人稍微在文獻裡翻一下的話，就會發現這個區域幾乎已經達到宗教崇拜的地位了，而其廣泛作用的神話也已湧入了流行文化。也因此，我們要將內容盡可能控制得簡短而切合討論範圍。心理學家兼神經科學家喬瑟夫·勒杜（Joseph LeDoux）對相關研究的發展和推廣，近二十年來無人能出其右，其所堅持的新認知在於，杏仁核朝我們大腦方向的連結，遠比從該處回來的傳導還要強。這也就代表：讓我們用來思考、規畫並理性計畫的腦部區域，杏仁核朝該區域之輸出，明顯強於自該處接收回來的輸入。簡單來說，就是杏仁核喜歡自己下決定，很少聽別人下的指令。從這基礎發現也就解釋了，為何要對抗某些像是恐懼或者嫉妒等的情緒，是如此困難，或至少很費力。

而在回憶這方面，杏仁核還顯示出一種強勢的傾向——會受到強化的，都是那些透過它的幫助而染上情緒色彩的記憶痕跡。換言之，就是與感覺連結在一起的回憶，在我們腦海中會留存得比較久，在記憶中也保持得較清晰，這點在五〇年代的實驗中就已經發現到。如此一來我們也得到了啟發：為何不只抗拒感覺不容易，要將帶有感覺的回憶自腦海或記憶中除去，也同樣困難。

另一個基本認知則是關於：我們的情緒記憶依從的是何種特別的邏輯？所要討論的是，在彷彿受到強迫的情況下做出決定及行動時，發生在我們身上的事為何如此難以理解？

情感記憶與認知到的內容有關，而這些內容的主題不只會被感受到，同時更會受到評價。例如將手放在滾燙的瓦斯爐上面，我看到了火光、感覺到灼熱，同時也感受到了疼痛。如果我們這一生還想要用手來做些什麼事的話，這樣的知識就有其重要性，也因此會記得特別牢。痛楚會讓我們注意到它。

上面這部分我們還可以輕鬆理解，真正麻煩的是某種狀況，亦即情感記憶中出現聯想連結，可是這連結又無法依照「避免疼痛」的想像邏輯來完成。若你還記得所謂的「巴夫洛夫反射」內容的話，應該馬上能理解這點。伊凡．彼得羅維奇．巴夫洛夫（**Ivan Petrovich Pavlov**）是十八世紀末、十九世紀初的醫師兼生理學家，他最為人所知的是他的動物行為理論，尤其是他以犬隻所進行的實驗。其中一個實驗進行方式如下：餵一隻狗一些牠喜歡的東西吃，每次餵牠喜歡吃的東西時，就搖鈴鐺。重複數次後，之後只要再搖鈴鐺，狗就會流口水，就算根本沒有準備飼料在那。通常我們假定的是因果性的關聯，這邊有食物，因而傳出了香味並刺激唾腺。然而透過香氣所顯示出的食物存在，可以透過任何其他的刺激來替代，只需要遵守著赫布的規則「同時出現在實驗現場」即可。接著，我們的記憶依其調整配合，為的是在這兩個本身根本不需要有任何關聯的事件之間，製造出後續連結。鈴聲也同樣可以做為很好的象徵，例如，電鈴可以告訴我們某個人站在門口，也同樣可以代表食物已經準備好了。鈴聲也可以完全不具任何象徵意義，會在發放食物時候出現，純粹是巧合（餵的時候門開著，吹過一陣風，風鈴自動響起來）。

如同巴夫洛夫反射，對疼痛的聯想學習也可以進行操縱。在一場以老鼠來進行的恐懼制約實驗當中，對其進行了測試。在老鼠不知道痛覺來源為何的情況下，同時施予特定的訊號與痛覺刺激。為了要跟例子相同，在鈴聲當下給予的是像電擊之類的刺激，而最後結果便是鈴聲的響起會啟動反應，這反應出現在預期到接下來會有疼痛的情況下，顯示出了恐懼。然而在實驗中，這也以「動作凍結僵化」，英文術語稱之為**freezing**的經典方式呈現出來。然而這反應不必透過關鍵刺激（cue dependent）也能產生，還可以仰賴周遭情況[13]。之後，空間或環境便與透過電擊所產生的痛覺事件產生連結，例如，老鼠若是在之後被帶至同樣的環境，就會再度動作凍結僵化。其中有趣的是，必須要讓實驗動物睡著，如此一來這樣的恐懼制約才能成功。原因在於與環境的聯想，需要借助海馬迴來接收，而海馬迴又會發揮暫時記憶體的作用，要在睡眠時才會將所接觸到的傳輸至長期記憶當中，這點與關鍵刺激有所不同[14]──在關鍵刺激部分，參與的是杏仁核，其固化所接觸的內容，並不需要透過睡眠。

從這些機制我們可以了解到，在人類身上，本身看來並無邏輯的恐懼反應究竟是如何產生的。舉例而言，假如我們經歷了一場可怕的意外，會以因果順序記憶下來的，並不只是造成意外的原本過程而已，而是包括其伴隨現象。這些伴隨現象若是再度出現，儘管沒有任何能夠造成意外的相似過程，人類還是有可能感受得到恐懼。我們也可以再更費力做出其他想像，若一個相同的過程，在不同情況下會造成不同結果（其中一個情況造成意外，另一個不會），即使如此，但若我們在第一次就認知到某件事是如何與痛楚的經驗連結在一起的話，那麼之後，每當事情只是表面上重複時，在第二次時感受到恐懼的可能性也會提高。

這件事最後會演變成問題，因為就情感上來看，我們依循著記憶的機制，但結果也沒有比實驗室裡的老鼠好到哪去。老鼠這些齧齒類動物並不清楚：鈴聲本身，與原本跟在鈴聲響起之後馬上施加的痛楚完全無關，就像我們也知道，汽車廣播突然轉大聲，跟之後接著發生後方車輛追撞的車禍，兩者之間也沒有任何關係一樣。但這對我們並沒有什麼幫助。就算我們真的了解停停走走的大塞車情況並非一定潛藏著意外風險，也毫無幫助。因為我們雖然知道這點，也能吸收新知，不需要像老鼠一樣，在情境顯示出與原先學習情境足夠的相似性時就嚇得呆若木雞，卻仍舊無法因此掙脫這樣的情況。情緒記憶在這部分表現得不講道理，即使我們的理智早就宣告解除警報，它仍堅持要我們繼續小心行事。

現在另外再加入一個難題，我們已經討論過神經元的機制，而這難題正是以其為基礎，也就是說，如果有恐懼制約存在，那就有危險性。這制約會不斷加強，而這與荷爾蒙在此時加入反應有關。這些荷爾蒙會對杏仁核及海馬迴產生作用，並再度活化兩者。如同先前所描述的，那樣的壓力是荷爾蒙在體內分泌的根本原因，而這分泌又會再作用回腦部，並在該處讓情緒記憶再度陷入警戒，其造成的結果，便是升高的衝突。因此我們某個時候，會無法再做出那些過往對我們而言理所當然的事情。

如果你認為這很病態，而且覺得並不會發生在自己身上的話，或許第一部分可能是對的，但第二部分就不怎麼正確了。因為任何類似這樣的感性化經歷都會極其浮誇，每個人應該都曾經有過類似以下的經驗：在下班後慢跑穿過森林，你要對那些在主人身邊且大多沒有綁狗鍊、卻在森林裡活蹦亂跳的犬隻做何反應呢？大概會放鬆，只要沒發生什麼倒楣事就好。可是若你真的被其中一隻狗咬過，要再心平氣和就很難了。之後即使是在遠遠的地方，你就會呼喚狗主人，期望著狗不會咬人只想要玩而已，不過你仍會注意到自己的腎上腺素濃度正在動脈裡釋放提升，而且你也應該做點什麼！從這樣的經驗中，英文得出了一句完全講到重點的諺語：「一旦被咬過一次，就會加倍小心。」（Once bitten, twice shy.）而這等式是如何計算的呢？可以用倍數來算，如果被咬過兩次，之後就會四倍小心，以此類推。

為何面對就能克服恐懼？

這邊還有一個令人感到恐懼的問題：如果情況糟到單靠見識也無法改善的話，那我們該怎麼辦？最簡單的方法，當然是神經科學幫我們準備萬能藥，只需要投這種藥，不斷蔓延的恐懼就會消失得無影無蹤。

我們在第一章就曾經談過一樣東西，也就是——突觸在固定記憶時的蛋白質合成。茴香黴素（Anisomycin）這種抗生素，在老鼠身上進行的實驗中，會導致杏仁核中的經典恐懼制約受到阻礙。然而要將其應用到人體方面，我們還有很長的路要走。同樣地，也適用在我們方才提到過的第二個可能性，也就是在一隻老鼠的記憶中，喚醒錯誤的想像。其方法是透過光遺傳學，也就是藉由基因改造對腦部細胞進行操縱。這會產生作用，讓神經元可以藉由光脈衝開啟與關閉，不快的回憶也就可以這樣輕易除去。但若去思考運用在人類身上的話，現在仍是遙不可及的未來幻想。談到記憶內容刪除的臨床運用，只有傳統的電擊治療受到普遍認可，而這部分我們也已討論過。然而其中有個問題，也就是此方法並不是相當精準。個別的不快回憶並無法以此方式消除，更不用說會有一連串的副作用。

但不久前我們還是成功地進一步了解到，在恐懼這方面，之後所發生的事可以如何反過來影響之前所學習的內容。曾經有個實驗請參與者在中立環境下，學習不同單字表上的內容，接著再給他們其他的單字表，同時施加（適量的）電擊。此時發現，不是只有在單字表上與電擊的負面感受所連結的內容，記得比較牢而已；同時，電擊還會再展現出逆向的效果。第一張表上面的內容記得更熟——這部分內容，也就是在未有痛覺的情況下學到的內容，同時也與之後在疼痛狀態下學到的詞彙有關。其記憶效果不是在施加痛覺隨後而已，反而是長期的。一方面，這也成功讓原本中立的內容開始載有情緒，因為現在這些內容，也會反向與伴隨著痛覺的詞彙產生連結。另一方面，這樣的情緒加載過程，也被用來加強對這些內容的記憶。

對此，科學家做出結論：情緒性認知這種東西確實存在，且這樣的認知也能做為逆向應用[15]。就我們的討論範圍而言，只需要再將同樣的程序以反方向完成，不是依照感受將尚未情緒化的內容加載上去，而是將已載有情緒的回憶依循感受中立化。

我們特別強調「只、再」，是因為走這最後一步顯然並不那麼容易，然而已經有了讓人充滿希望的進步。近來，幸運之神降臨在勒杜及其同事伊莉莎白・費爾普斯（Elisabeth Phelps）這兩位科學家身上，他們成功將老鼠的恐懼回憶刪除，更在人類身上也有了初始階段的成功[16]。他們在這方面所利用的某種機制，是我們在第一章就已描述過的，而現在於杏仁核的層面也證明了該機制對於我們對記憶的新認知，有著基礎的重要性。

這邊又講到了蛋白質合成，以及記憶內容在重新回憶時，並不只是「單純喚出，而會再度進行轉變」這樣的過程。我們還記得記憶的軌跡會再次變得具有可塑性，也就是能夠形狀不固定，而必須在第二步驟再次固定或再強化。當一個內容重新出現時，我們的記憶也會先在底下的呼籲之後打上問號：我們所記得的東西，真的必須保存著當初出現的形態嗎？有需要以新發生的事情，來更新所記得的事嗎？會有一瞬間，記憶軌跡看似脆弱、易受到傷害，而這兩位科學家則將這種性質，運用在負載著情緒的記憶內容上。直接面對記憶與現實的明確性，會讓在現實當中曾經造成恐懼的那個時刻，不再顯示出作用。例如，之前在訊號後就有特定疼痛的話，現在就再也沒有那疼痛，甚至反而讓人有愉悅的印象。在再度喚醒之後的固定時間內（我們已經報導過以大約六小時做為基準的實驗[17]），若能這樣直接面對，那顯然就有機會再度放下先前習得的恐懼。即使是在不同種類的依賴性方面，同樣的機制似乎也能產生效果[18]，其治療的目的，特別在於避免復發。

我們設計這樣的方法，已經非常幾近於療程，而長期以來，心理治療和心理學就是以這些療程做為支柱。而這些療程基本上所假定的是我們在盡可能類似的情況下，將令人不快的情緒，與中立或者令人開心的情緒互相比較，並以此對這件事施加些什麼。例如，去面對懼高的方式，就是讓當事人在有人陪同的情況下，前往位置高的地方，讓他們發現高其實不一定代表著危險。高度的訊號愈常保持不受察覺，就愈早有機會能再度擺脫與其關聯的恐懼。

「只有一個武器適合：傷口只能由那把矛癒合，那把當初畫出那道傷口的矛。」華格納（**Richard Wagner**）在歌劇作品《帕西法爾》（*Parsifal*）裡如此寫道。這部作品出自德語詩人沃夫朗・馮・艾申巴哈（**Wolfram von Eschenbach**），取材於古希臘人。如此一來我們又再度來到了浪漫的幻想，若沒有這幻想，我們的感覺記憶或許就無法被理解。不過我們也不應過度正面看待這件事，即使這把矛有著療癒功能，畢竟仍是個尖銳又冷冰冰的工具，那些必須要面對並克服自身恐懼的人，得先克服自己的界限，才能面對那些恐懼。

現在我們再度將感覺的錨自過去移除，並邁向了一個更美好的未來，至少是一個我們記憶所期待，長大後的未來。

第六章

記憶及老化——遺忘是人類天性，它會帶著我們向前行

在放長假前，你一切都已經思考好了，取消報紙訂閱了、盆栽帶去拜託鄰居幫忙照顧，而現在你人已經在機場，過了安檢、在登機門等著上機。此時，坐你旁邊的人忽然從口袋裡掉了鑰匙出來，於是有個問題像是輕微而具刺穿性的痛楚般，射中你的腦海：「我真的有記得鎖家門嗎？」你在腦中又再快速回想一次：對，我有把全部的燈都關掉，水龍頭也關緊了，因為怕會有暴風雨，所以電視的插頭也拔掉了。可是，門呢……？對了，當時航空公司傳了封簡訊過來，顯示班機起飛會至少誤點一個小時，你望向正前方，並再度將手機放入口袋中，可是那個時候你人已經在公寓的電梯裡了。在那之前呢？你有沒有真的將門鎖上？折磨人的懷疑蔓延開來，最後你打了通電話給鄰居，拜託他幫忙檢查一下。電話一開頭你就

這樣開場：「親愛的鄰居，我變得又老又健忘！」

若你期盼著這樣的狀況可以得到化解，我們得讓你失望了。因為事實就是如此：你變得又老又健忘，我們每個人都是。而這世界上（到目前為止）也沒有什麼可以阻擋剛才所敘述的過程。大約二十五到三十歲開始，所謂多工處理的能力就開始走下坡。我們覺得同一時間處理不同東西並同時記在腦海中變難了。我們的注意力輕易就分散（像是航空公司的簡訊），也不再明確地記得我們同一時間到底還做了些什麼事。或許我們確實有鎖門，這是每天例行會做的事情之一，鄰居也可能會帶著幫了我們大忙的口吻回電（雖然他自己也發生過這種事），並保證一切沒問題。我們全都有做好，只是想不起來而已。

但即使是比較年輕的人，對此也不感到陌生。因為碰上我們現在討論的這種形式的記憶，我們整體上很快就會達到極限。這部分與工作記憶有關，也就是我們在第一章所提及的內容：我們即使在最好的情況下，平均也無法將超過七個資訊單位保留在腦海中。到了老年時又會再更少，而其原因與大腦額葉中的某些空間運作速度不如以往有關。在算術方面，我們也無法成功保留住年輕時候的速度。

因此，我們要討論的內容是，遺忘，在老年時會為我們的記憶開創新展望。我們這邊再次關心的，是去研究我們記憶進行以及被用於更吃重任務等更廣泛的範圍。包含了最新研究在內，均顯示出我們在老化的過程中，絕對不必只考慮到失去。更確切來說，甚至出現相反的情況：有些我們一直以來評價為損失的，有可能到頭來甚至證明其實是收穫。這樣的話，遺忘就再也不是件丟臉的事，而是進步。我們記憶的挑剔也不再是任性，而是個適當的措施。整體而言，老化也就比較與我們記憶的改建有關，而不是拆除。這也是我們接下來延伸思考的關鍵：老化的時候，記憶並非在生命中限制我們的東西，而是相反地幫助我們妥善處理、完成待處理的工作。記憶再次證明它不只是我們未來的代理人而已。

不愉快的記憶如何變成美好的記憶

在記憶與老化方面的第一個建議，其實很簡單：「不要被任何東西愚弄了！」研究一再顯示，一旦我們確信自己在某個心智的層面特別差，在測試當中也就會表現得不理想。針對這主題的研究不勝枚舉：「男人跟女人，誰數學比較好，誰語言能力強？」「芬蘭跟德國學生，誰的閱讀能力比較厲害？」等，這些研究可靠地顯示出，表現仍受到評價判斷的負面影響。愈確信自己某方面能力的不足，表現也就會愈糟。而且這只有在不佳的表現被誤認有著醫學或生理上的原因才成立，尤其是當這樣的差異與年齡有關時。就因為慢跑固定路線時跑得比以前慢一些，我們就認為自己的智能一定也變糟了許多。我們自己幻想著在學語言，或者排練一首音樂作品時，會更加困難重重。當然事實也是如此沒錯，但或許也沒有年老帶給我們的危機所展現得那麼嚴重。

為了有個改善的動機，我們不妨從一個完全相反的論點出發：一切都只會變得更好。我們也已承認過，存在著某種記憶，所謂的工作記憶，這種記憶實際上造成我們受到減損。然而從另一個觀點來看這種記憶會變得更佳，我們可以安心地將其視為更好的基礎。

要能夠想像這點，我們首先得看整體的發展。我們記憶的形成方式看起來，整合了腦部及思考結構的發展，基本上一直都依照著同樣的流程，不過卻是個乍看或許獨特的模式流程。首先第一步會準備好數量過多的訊息來源，第二步又會讓其解體。新生兒的腦部便是如此發展出數量驚人的連結位置，也就是突觸，而且其數量之多簡直是天文數字。這邊只需要舉個例子就能證明：從出生到滿一歲，突觸的數量會以每一秒（！）就創造出一百八十萬個新連結點的速度增加；而一歲後這過程就會減緩，甚至還會有逆轉過程。一直到滿五歲為止，單在大腦皮質層就又會有兩百億個突觸受到分解[1]。在人生的前四年腦部就會這樣成形，如此才最能滿足已然存在的需求。

也只有實際用到的東西，才會被保存下來。例如語言，可能會有極為不同的語音組合、語法模式及詞意連結。不過到了五歲，能夠在連結方面確立下來的才會成為母語。減少的過程有其必要性，不是因為我們從小就心胸狹窄，然後在母語方面是個愛國分子，而是潛存的言語能力之所以受到分解，是為了讓另一種語言盡可能發揮功能。突觸的減少，為的也是將已存在的力量組在一起。為了要在最後真的熟悉，並精通一種語言以成為自己的母語，就需要捨棄即使原本有可能性的東西。

類似的過程，會在青春期的階段再次開始，腦部會再度在成長方面大躍進。額葉的能力會從十一歲起快速擴張，然而之後其他地方的連結就會再次受到分解。腦部同時會有個過程受到加強，稱之為「髓鞘生成」，指的是某種神經傳導線（軸突）的外面，會產生隔離層以進行包覆。這隔離層能使導線較能夠隔絕電流，也因此提升信號的傳遞，這樣包覆的數量，在青春期的時候會提高將近兩倍。

現在有個問題是：「只有當我們腦部能藉由這樣的高速網絡運作時，我們才能履行成年人的思考任務。」而另一方面又有個缺點是必須先做出選擇。哪一些神經連結值得進行如此完美的包圍呢？我們在未來會最需要什麼？

再回到語言的例子上，或許讀者本身就曾經注意到：長大離青春期愈久，學習新的外語就愈困難。意思不是說我們再也無法理解語法或記得詞彙，相反地，曾經學過外語的人多半會更容易；但同時，卻也會更難完美地掌握像是語調或是聲調等理所當然的部分。我們會聽得到這樣的話：「就算我學會了一個語言，而且也可以靈活地運用了，可是仍然會有淡淡的口音。」英文術語用了個比喻來形容：「可塑性的窗戶」（windows of plasticity）關上了。我們確實是少了未來的展望沒錯，但是已經擁有和保存的也不再容易流失，而且能更有效率地受到利用。我們除去曾經擁有的可能性，但因此可以比之前更加優秀和迅速，而我們也必須這麼做。

持續將話題留在生理構造，但是焦點從青少年的生命時期，跳躍至五十歲以後的時間。科學家發現，我們的腦部其實並不是均衡性的老化，意思是有些腦部區域比較早受到老化的影響，有些則很久之後才會發現類似的分解過程。就我們討論內容而言，重要的是右腦及左腦（或者又稱之為腦半球），兩者之間的差異，右邊的容量比左邊的減少得還要快，深痕（Sulci）更加廣泛，組織則消失，受到影響的尤其是頂葉及枕葉這兩個部分。就我們所討論範圍來說，左右不能理解為絕對的方向。要看的是我們整體而言，偏好的是哪一邊，腦半球的功能也會進行分類。舉例而言，有百分之九十六習慣用右手的人，其語言能力位在左側，空間定位則在右側，左撇子的注意力則較為平均分配。

紐約神經心理學家艾克納恩・高德伯（Elkhonon Goldberg）進一步發現，右撇子的右半腦，幾乎比左大腦早將近十年開始老化[2]。右腦在五十歲左右就開始老化，左腦相較之下，幾乎要到六十歲才開始[3]。他從中得出結論：「右半腦的工作，顯然可能退化得比左半腦還要早。」就我們所討論的記憶事物，這有著下列原因：左半腦存在的主要目的，就是準備模式與樣板，讓新的經驗可以分類進去其中。語言，是實現這種模式辨認時特別普遍的共通媒介，我們擁有將新察覺到的物體，根據其意義來分類的概念。而右半腦的運作方式就不同了，進行的是先產生一個合適的概念，以及一個適當的意義，換言之，右半腦負責的也就是新事物的處理，進行著初步供應[4]。甚至也可以這麼說：右半腦有著**全效性**的功能，也就是不斷嘗試在各個不同單一出現的現象中，找出一個關聯性[5]。根據於此，我們需要右腦，也就是為了讓我們預留個空間，給之後會面對到的事物。右腦存在的目的，是為了在未知的領域內尋求事物的定位，能夠成功生存下來的，就會被接收至長期記憶當中。

像是這樣腦部活動從右至左的轉換，其中一個層面與情緒有關，例如，我們就比較會將愉快的訊息存入左腦，較少存入右腦。至於在評價新情況時的評判性反對，則大多會在右半腦中形成；在這一側，我們顯然更不會有先入為主的觀念。另外傳導物質，也扮演著一個重要的角色。在專注力及壓力方面，則有去甲腎上腺素（**Noradrenalin**）參與其中，這種傳導物質，尤其會在右半腦中分泌，那些到達允諾我們獎賞的區域核心（例如，伏隔核〔**Nucleus accumbens**〕）的多巴胺，在左半腦中較能發揮作用。最後，心情的提升又與情緒的系統有所關聯。我們在第五章所認識到的杏仁核，在左半側較能發揮正面作用，也因此不像其右半側那樣，會製造出像恐懼或害怕等負面的情緒。

另外，還有個效應讓我們不容易發現老化：我們腦中的不同區域某部分彼此產生團結性。意思是，如果一個特定區域減弱，就可能會有個其他區域跳出來代替。記憶測試中發現，年輕及較年長的實驗參與者表現同樣地好，但在核磁共振成像中卻顯示出差異。較年長的實驗者在解決測驗題型時，額外利用到了前方的腦部空間，其他研究結果則顯示出其他形式的補償作用[6]。腦內的活動，會隨著任務的不同而改變分配[7]。

在記憶對抗年齡的這回合，我們得到的結論如下：既贏又輸，但整體評估看來還是對我們有利，一直到生理上的老化讓我們察覺得到之前，至少還有很長一段時間。要到那時候，腦部的細胞才會以無法修補的決定性方式老化，這門檻是在將近八十五歲左右，而且不同的人也很容易能跨過這門檻。不過一直到六十歲出頭，我們都還可以將顯著的表現提升視為理所當然。

這是有可能的，原因是我們確實有某些能力崩解了，我們不再能夠如此長時間專注在一件事上，能同時思考的事物減少，在思想的執行上，也不再像以前那麼迅速，如同上述，我們的工作記憶不再運作得如此有效率。但儘管如此，整體來看這可能還是有所獲得，因為我們不只能夠補償工作記憶所增加的缺失，更掌握了之前不在我們觸及範圍內的記憶事物。以純粹的數量來看，我們比以前有著更多的知識和經驗供取用，此外也較能應用累積起來的知識。研究顯示：特定領域及問題上，在數十年、多次反覆的處理當中，我們的知識也完成了某種形式的固化及壓縮。

而如果我們主動著手且完整記錄一個理論或思想觀念的話，這樣的事是可以有意識地發生的；不過這也可能在沒有我們主動或刻意的支援下，無意識地發生。光是在知識內容的部分，似乎有著一個主導通盤規則的程序開始在運作。這些概念在某個時間便固定下來，如此我們就可以據此推測：物質的穿越行動，突破到了大腦皮質概念細胞的形成。不過也是藉由學習過程及例行公事我們才有新內容，得以展示以無意識的方式所記錄下的顯著進步。例如，喜歡英文單字的人常說這是learning by doing（從做中學）或者learning on the job（工作式學習）：我們無法精準說出是如何變得更進步的，就只是重複做一件事，並從中自動學到些什麼。

內隱記憶

在記憶研究中，我們將這樣的例行工作歸類至所謂的內隱記憶。其中包含了肢體上的能力，像是騎自行車及游泳等，即使這些事大部分從來不純粹只有肢體上的本質而已，就好比跟對手交手或與隊友協力戰鬥時，體能跟戰術都會變得更有挑戰性。演奏音樂也是個跨國度的範例，同樣的例子還有閱讀、寫作、口說等一切跟語言及表達有關的。恰好隸屬其中的，是我們在所受的教育或職業中所發展出來的特定規律工作，我們不必是外科醫生或太空人，幾乎每個行業都包含了心智及體能上混合形式的例行公事。

我們最後再來看看「純粹發現」這回事。內隱記憶中，也包含著感官當中的某種模式辨認。我們如果看到了某個新事物，而這個新事物又帶著我們已知的形狀、結構或元素在內，就會開始某種稱之為「促發」（priming）的過程。之後所出現的，便會被導回已確立模式的某個東西上面。也就是說：我們的新發現早已被導往特定方向。尤其是廣告，最會利用這樣的既定片面印象。一個品牌若已建立地位並受到歡迎，那麼，它的產品也就最能獲利於「促發」現象。

奇妙的是，我們在這方面取得行家資格之後，就永遠不會褪色，例如，不會忘記騎腳踏車、也不會很快就把學過的鋼琴技巧拋在腦後，除非中間暫停了很久的時間。當我們做一件工作愈久，就愈來愈順手。而如果我們還能思索自己從中所獲得的技能，並藉此讓內隱的知識變得外顯且同時可以理解的話，在活動上也會特別地穩固。如此一來，便產生了方法，讓我們在科學及工作上能更加進步。本書也不外乎是個嘗試，將我們記憶中那些非意識性的過程公布出來，並從中學習。

而這樣習慣化的公事以及隨著時間改善的方法，其後續效果也是正面的。我們記憶中知識的組織愈快，也愈理所當然確立運作的話，表現能力就愈優異。專注能力、多工處理以及速度上的減損，我們之所以可以平衡回來，甚至還能超過，正是透過信任我們的最佳程序。我們不再從頭並重新一步一步思考出現在我們眼前的事物，而將時間只運用在除了一般性過程外，另外的偏移情況。唯有如此，現在一間龐大大學的講師才能在最後一刻處理完無數的研討會、學士及碩士論文；也只有這樣，資深的政治人物才能掌握控制過量的行政管理；唯有如此，我們任何一人，不管從事什麼行業，才能夠處理增加的責任及權限，而這遲早必須與任何形式的職業進步產生關聯。工作的負擔與信念能夠隨著時間增加，是因為我們不斷地變得更好。

我們記憶強度的高低點

現在我們以一個所有人都可以自己在家裡進行的實驗做為開頭，請讀者試問自己：「你對生命的哪個階段，有著最多及最深刻的回憶[8]？」在統計學的常態分布中，出現了以下這樣的景象：任何我們第一次體驗到，且本身帶有特別經驗特質的東西，都會清楚記下。例如，初吻、第一次開車、開始念大學、工作過程第一次優異處理的計畫、第一個孩子的出生等，而這些多半都在十五歲到二十五歲或三十歲中間這段時間發生。平均來說，在二十歲至二十五歲中間，會抵達記憶的高峰。接著再請你問自己：「三十五歲時，經歷了些什麼？」如果你已經過了這個年齡好一段時間，那麼就會注意到，這段期間的記憶完全不緊密。記憶曲線的上升，要從四十歲才會再開始，這是因為此時大多是處在職業生涯的不同階段，造成了傳記式回憶的區塊化。例如，我們當上部門主管、外派記者，或者不管是什麼，無論如何都比之前還更多，而這也是我們所樂見的。

然而不只如此，如果我們在青少年高峰時期的回憶，某種形式來說是以傳記式切入的話（也就是人生的新開始：感情生活、學習生活、職場生活等），那麼之後自四十歲開始的回憶，就會是某種形式階梯狀的上升。一開始是實習生，接著進入到實務階段，然後在報社當上編輯，之後轉換到電視圈，得到自己的頻道，變成主編，最後則是創意總監。而在某個時候我們到達了特定的點，在該處，我們到達了記憶程度表上第二種形式的記憶。那些回憶持續充實著我們身為成年人的存在，而且比起與此相對鮮明的青少年回憶更有優勢。實際的進步在記憶當中，變得比驚人的回憶更加重要，至少就回憶的數量而言是如此，看的也不一定是絕對的地位。例如，初吻、第一次，或者就如同德國文學家赫曼．赫塞（Hermann Hesse）較為詩意的表達一般：「而每個開始都有著一股魔力。」（Und jedem Anfang wohnt ein Zauber inne.）[9]

神經生成——記憶的青春泉源

然而萬一我們再度置身於一個要求保有青春的環境，我們的記憶在老年時該如何保持穩定？如果從我們身上期待的，是表現得聰明且具掠奪性，而且我們恰好無法藉此展現出感謝過去經驗且已經擁有的優點呢？或者是，如果我們本身想要再勇敢挑戰個真正的新開始，例如在科學、工作、家庭方面呢？

是的，我們的記憶就參與其中，而腦部中也確實有類似青春泉源這樣的東西，其醫學名稱為「神經生成」，意思是「神經細胞的新生成」。然而，與之前職涯途徑不同的是，這結果並不會完全是正面的。在還沒六十歲以前，對我們來說還顯然一比〇占上風。但現在可能得妥協於不分勝負就好：我們的人生確實還有機會，但是這機會最好要能達到期望目標。原因是，細胞新生的來源庫，遲早還是會乾涸。也因此，大家大可相信諮商書籍的內容，若書中推薦運動及記憶訓練，以啟發在腦部促成新細胞生成過程的話，我們完全支持那樣的訓練方法。然而事實也不應該被隱瞞：神經生成的原料庫遲早也會耗盡。除非我們決心接受其他前所未聞的手術。這部分稍後會再討論。

新的記憶細胞與金絲雀和斑胸草雀的鳴叫有何關係

喜歡金絲雀，然後知道「斑胸草雀」的人，或許曾經察覺到這些鳥類秋天時便會停止鳴叫，但到了隔年春天又會再次展開歌喉。如果仔細分析，就會發現這些鳥在春天唱的，可不是前一年秋天的舊歌曲。牠們充滿了創意，並創造出完全不同的旋律。而這些鳴禽，為什麼總能在每年春天提供全新的演奏曲目？

在記憶及創意性研究方面，這些鳥類的神經構造能夠提供我們進一步幫助：這些歌的模式，不可能是基因上就已經先設定好的，否則不可能出現新的作曲，或者頂多過程會非常緩慢，要花鳥類好幾代時間來傳承。這些鳥類同樣不可能以其他範本做為參考方向，因為牠們在春天時全部會重新、從零開始。因此牠們身體裡，一定進行著什麼令人吃驚的事，某件不只與單純重複既定模式有關的事。實際上也發現，鳥類腦部在秋天時，與之前出現歌謠儲存相關的細胞，會逐漸死亡；而隔年春天新細胞會再度生成，位置就在舊的歌曲記憶體逐漸死亡之處。這細胞生成的發現之所以驚人，是因為達到性成熟後，沒有人會再遇到這樣的細胞生成[10]。對成年人來說，科學界一直到一九九〇年代初期為止，都還堅信著：不可能會再有與中央神經系統相關之新細胞生成。

而在斑胸草雀之後，科學家針對了老鼠以及最後也針對人類進行了這種細胞生成的研究。在老鼠這些齧齒類動物部分，結果得到了證實，在人類方面目前也已經確認[11]，就我們所討論的記憶事項，重要的是海馬迴其中一區域的神經生成。新生成的細胞，其負責連結的突觸，仍有著相當高的可塑性。這些突觸愈多次並愈長時間地一再鎖定特定編碼，就會變得愈加精準而有效率。然而同時突觸也會失去其彈性，也就此固定在特定概念上。隨著新細胞及其新突觸的形成，全新的事物也會更加容易理解。

記憶再次證明，做為我們未來的代理人，即使人到高齡必須或者想要完全重新從頭開始，我們的記憶也不會直接說：「不行，你之前就應該要考慮過才對。」令人吃驚的是，記憶反而參與其中，且本身再度年輕化。記憶提供我們資源運用，而那些是我們只有在年輕時可以（幾乎）不眠不休創造出的資源。如此我們也就得以在將近六十歲生日時，再次變得充滿靈感，來處理巨大的變化、參與，甚至引領心靈的轉折。這部分我們馬上會以更多篇幅討論。

訓練如何幫助記憶

成年人的腦部還能形成新細胞，這件事已經夠叫人吃驚，但另外令人高興的是，原則上，神經生成到高齡都有可能，只是細胞更新的來源有限。這邊所討論的神經幹細胞確實有著分裂的能力，但這分裂並不能無限制地重複進行，幹細胞的來源庫會縮減，而神經生成也遲早會走向尾聲，畢竟它不是全面維修衰老大腦的大型活動。愈多細胞忽然產生，剩下的儲存量顯然也就愈快耗盡。而耗盡的時間點則無法預測，光是神經生成的範圍就牽涉到許多因素，包含了促進性的因素，像是運動及心靈上的活躍性，也包含了抑制性的因素（特別是壓力）。

對此，這段時間出現了許多實驗性及臨床性的研究。鳴禽及齧齒類動物方面的研究顯示：細胞新生成的決定成因，是受研究的動物是否有肢體動作，若有的話，這動作及記憶訓練的數量又為何。記憶訓練在此處指的是，將動物放入一處環境接受刺激（英文術語為 enriched environment）[12]。對人類腦部來說，愈來愈多研究也顯示出肢體使用及心智鍛鍊，對記憶表現的正面效應。二〇一五年三月刊登在《刺胳針》期刊（*The Lancet*）的一項研究證實，由飲食及生理、認知訓練所組成的措施方案，也對我們的記憶有著顯著效果[13]。

至少在動物方面，證實了禁食也有幫助效用——一天不餵動物任何東西，隔天又再餵一些，接著又停止餵食，如此重複下去，記憶的表現就會改善，而腦部發炎的情形會受到抑制。而後者也解釋了對阿茲海默症、帕金森氏症、亨丁頓舞蹈症及中風等疾病之所以有正面效用的原因[14]。以上所述的措施如何共同運作，其作用實際上是否互補、彼此提升效果，還是各自獨立發揮作用，目前尚無定論。例如，身體的訓練會使新細胞的生成增加，並能幫助新生成的細胞不會那麼快就再度凋零[15]。禁食則對神經生成無任何作用，但對細胞的生存卻有著影響力[16]。

研究這領域的心理學家及醫學家建議，切勿太片面運用心靈的訓練。許多聲稱能強化我們記憶能力的方法，訓練的有些只是非常特定的功能。而適用於生理的類似方法也適用於心理層面：功能之間的合作相當複雜，而我們只能取出我們所放入的。這句話意思是，我們只會在一個非常特定的方面進步，而那個方面，也就是特定訓練方法所希望換來的[17]。要比新發明的記憶遊戲更好的，是訓練我們整體記憶能力的挑戰：學一個新的語言、練習一項樂器（這應該會有一些挑戰程度），以及別忘記，我們一再提到的人際往來。意思就是，我們應該走入人群，珍惜友誼，參與社交活動。

許多書籍中對記憶訓練有不錯的描述，大家或多或少也有點印象，但這邊要再介紹一個不同的「記憶青春之泉」給大家，甚至作用更強。這對我們來說，要比常見的推薦或上面列著各種訓練方法的清單，還要更加重要。若醫生告訴我們，這股記憶的反老化風潮，在某些病人身上帶來了值得商榷甚至是謬誤的結果，這並非說笑。近來真的有些高度上癮者，在看醫生的時候抱怨自己忙於健身或記憶訓練，都沒時間做其他事了。還有其他人雖然滿意訓練的效果，甚至也覺得健康合宜，卻不知道他們還能靠這個做些什麼有意義的事。心靈的強韌性確實重建或保存了下來沒錯，但這也可能在日常生活中變成純粹的自身目標。我們成為了心靈抗老化的頂尖人物，甚至還可以幫忙宣傳。只是這把剛磨好的刀，對於生命中還必須切割的其他東西而言，已經不再具有任何堅硬度了。

最好的訓練：隨著時間逐流

有某個東西可以讓我們的努力加倍強大，只要它參與其中，全部都會隨之改觀，它就是「動機」。接受心智訓練的人當然充滿動機，他們畢竟也想在最短時間內解出填字遊戲。但這邊講的動機，意思指的是不太一樣的東西，不只與樂趣和遊戲，而是更直接與我們的生命有關。這裡所專注的動力，來自於一個我們需要克服的生命狀況，一個對我們有著真正挑戰意義的情況；它也並非是我們工作生涯中一直專注的那些東西，也就是字面上不費吹灰之力，且基本上愈加以遊戲心態處理的那些事。這邊必須探討的，更是某種挑戰，而它對我們來說尚未建立起一個普遍性的有效答案。重要的不是在老年時管理自己的名譽，而是再次開始做一些值得感到榮耀的事；重要的不是有尊嚴地結束這一生，而是重新開始全新的事物。倒數的鐘關掉了，打開的是碼錶，目的是要再完成某件事，並向這世界證明。

我們可以將那樣的生命狀況，視為老年時新的記憶文化最大的動力來源。首先可以用數字來證明，那些在四十歲或者五十歲時，再一次（或者頭一次）組成家庭的人，經證實活得比較久，心靈上也比較長久保持健康。尤其是與年輕人的交流，在心靈的靈活度證明有著促進作用，且能增加敞開心胸接觸新的主題及內容的意願性。演講的旅程、交流論壇、表演（如果你恰巧從事上述方面行業的話），那麼不斷地掌握自我，或甚至迎向新的人生高點，顯然會有幫助。以哲學家漢斯—格奧爾格．伽達默爾（Hans-Georg Gadamer）為例，他自教授一職退休後，還創造了令人驚豔的一番事業，之後也成為知識界的真正明星。他曾經結婚兩次，六十歲時出版代表作《真理與方法》（*Wahrheit und Methode*），以一百零二歲高齡逝於海德堡。

我們可以說，如果在跟小孩或者孫子玩耍，自己就會再度變得有一點孩子氣，並對那些令孩子感到驚奇的事開心——年老時，會希望自己能像那樣。但不表示之後會再發生同樣的事。如果我們在老年時，處在年輕人當中，並參與他們的活動及想法，記憶便會得到新的動力。記憶也用一種特別的方式變得年輕，不僅是我們身旁的人變年輕而已，我們生命的整個時代都會。我們也就不再徘徊在較年輕時或青少年期的記憶之中。對這些記憶而言，有些令我們愉悅且感到寶貴的東西，並無足輕重。我們也就潛入到另外一個記憶當中，進入到某種形式的新紀元裡，而這如今同樣擄獲我們與其他人的心。

這樣的現象有個經典的名稱，被有些理想化地稱為「時代精神」（Zeitgeist），並進入到我們心靈。記憶研究也探討了這個現象，並將其稱為「集體記憶」。這是什麼、源自於何處，又有何價值，我們會在下一章詳細討論。不過現在，我們先簡單說明：若我們四周的時間更新，且歷史在某個關鍵點再度年輕化，那麼，從這個時間點起，便會對所有可能的個別心靈產生某種吸入作用。在那樣歷史性的吸進過程中（姑且如此稱之），受到撼動的，不只是剛在腦海裡出現的全新感受，還包含了所有在認知世界中尚未完成的感受。這促成改變的決定性動力，甚至往往會以某種早已隨著時間消逝的才能做為基礎。就其進行方式而言，「時代精神」意外地不受年紀影響，且會尋求穩重的學者、政治人物或類似人物之口，藉以解釋其超脫之進步利益[18]。簡短來說，時代精神進入到誰身上，那個人便不必去顧慮自己實際之生理年齡。

這裡有個最適合討論內容的範例，那就是哲學家伊曼努爾·康德。康德一七二四年出生於德國克尼斯堡，並在一八〇四年逝於同一城市，他是個具有豐富知識的人，在學術界以其理性主義之系統占有一席之地，這系統是個非常廣泛且嚴謹架構出的思想體系。就最佳意義而言，他可以稱得上是個學術派的哲學家，不斷進一步精進其師承的哲學系統（但沒有增加或減少其內容）。然而，從一七八一至一七九〇年中間發生了某件事，狠狠打了青春一個巴掌：康德這一個理性主義學派第二、或甚至是第三代的哲學家，發表了三篇哲學著作，問世後成為了學術世界內巨大轉折的象徵。原因是自從《純粹理性批判》（*Kritik der reinen Vernunft*）、《實踐理性批判》（*Kritik der praktischen Vernunft*）和《判斷力批判》（*Kritik der Urteilskraft*）三部作品問世以後，心靈的世界也就不再如同過往。康德將討論主體放置到各種世界觀的中心，而我們所認識的現代世界觀也就此展開。

我們來事後驗算一下，這三本批判著作中的第一本出版時，康德已經五十六歲了；最後一本問世時，他則已高齡六十四歲。之後他又出版了數本法律哲學、數篇道德學及性別哲學的論文，以及科學理論和政治想法集。

翻閱歷史書籍，讓我們能夠更容易地把隨時光逐流做為記憶的回春療法來宣傳。一七八〇年代是個突破性的十年，而這些突破在許多層面上都能夠感受得到：一七八九年的法國大革命，標記了世界史的高峰；曾經讀過康德作品的人就會知道，如此一個信仰新教、個性過於嚴謹的普魯士理性主義者，在心靈世界革命的運動風起雲湧時能寫成作品集，十分不可思議。康德是第一位以德語寫作的哲學家，而這件事本身就已經相當具有革命性了。不過基本上他的句子還是以拉丁文寫作：錯綜複雜，並帶有著語序、邏輯上的嚴謹性，遲早會讓每位讀者感到絕望。這個康德在宗教及道德的議題上，邁向了對一切傳統所進行的極端重整，讓他得到了「一切的摧毀者」（Alleszermalmer）這樣的稱號。但我們也不想隱瞞的是：這樣的遠大幻想，最後也無法讓老邁的康德免於喪失記憶，這部分在下一段會再討論到。

或許讀者記得現代作家丹尼爾・凱曼（Daniel Kehlmann）作品《丈量世界》（*Die Vermessung der Welt*）其中的某一段，在書中，數學家卡爾・弗里德里希・高斯（Carl Friedrich Gauß）無論如何都想在克尼斯堡與偉大的康德見面，最後也如願以償。在與康德的家僕蘭坡交談好一陣子之後，高斯總算被允許進到屋內，並充滿欽佩地對康德敘述他的空間想像，以及為何古希臘數學家歐幾里得（Euklid）在測量星星距離方面，不可能是正確的。語畢，高斯便等著康德的回話。

「『香腸。』康德這麼說。『什麼？』『叫蘭坡去買香腸。香腸跟星星。叫他也去買那個。』高斯站起身。『各位！我的禮儀還沒有完全喪失。』康德說道，一滴唾液滑過他的下巴。『主人他累了？』僕人這麼說。」[19]

康德顯然已經用盡全力了。但是我們摸著良心問問自己，即便可能不是在你閱讀康德的三部評判集時，但或許在你之後還閱讀莎士比亞最後的劇作《暴風雨》，或者聆聽貝多芬的〈第九號交響曲〉（9. Symphonie）時——這些難道都沒有價值嗎？我們還能成功創造出更偉大、更獨一無二，更能夠流傳千古的作品嗎？

為什麼吸血鬼永遠不會變老？

德國對於「異種共生」（Parabiose）的公開討論還不多，而這也有個可理解的原因，因為這會讓人想起在吸血鬼小說或科學怪人的故事裡，所看到的那種想像內容。這方法的開端實際上可以回溯至十九世紀中期到黑色浪漫主義的時代，第二次世界大戰後，大家在實驗的範圍及設計方面都變得更為謹慎。德國自一九八七年起，便全面禁止異種共生的動物實驗，但美國則仍視其為一個非常具有展望性的技術。

其技術如下：將一隻幼齡及一隻老年的老鼠縫在一起，讓牠們的血液循環合而為一。以人工方式讓兩隻動物變成連體嬰：兩顆頭、八隻腳、兩顆心臟、一個循環系統，這是實驗中科學怪人的部分；合一的目的是透過幼齡鼠血液的輸入，來逆轉老年鼠體中的老化過程，而這則是實驗中吸血鬼的部分。

最後達成的是什麼呢？「實驗結果十分驚人。非常的有趣。」[20]南加州大學的貝里斯拉夫．茲洛克維奇（Berislav Zlokovic）這樣表示。首先發現較老的那隻老鼠，其肌肉結構再度重生，造成這結果的，是血液裡的某種生長因子（GDF11）。然而對我們而言，更重要的是其對記憶的作用。像阿茲海默症這種疾病，或我們腦細胞一般的代謝病症，其中有一個很大的問題，就是我們的免疫系統。如果免疫系統變弱，就會隨著年齡愈大，產生愈來愈多的發炎病灶，而這又可能成為不同功能失常的肇因。史丹佛大學的東尼．懷斯—柯瑞（Tony Wyss-Coray）曾將一隻三個月大的老鼠，與一隻十八個月大的老鼠縫在一塊，讓牠們在縫合在一起的情況下，共同生活五週的時間。接著再以電子顯微鏡，研究較老那隻老鼠的免疫細胞，自其細胞體的構造解讀出那些細胞也顯著變得年輕。

在一項進一步的實驗當中，所研究的是海馬迴細胞，其突觸位置所發生的變化，發現到刺（Spines）及突觸生成的數量增加。整體上突觸的可塑性增加，也正顯示出成型、尤其是增強的能力如同我們現在所知：這是新的學習和之後回憶的基本先決條件。最後，以三週的時間、每三天一次的頻率，將年輕老鼠的血漿注射到較老同類的體內，其後續的功能測試證明了這些以血漿治療過的老鼠，在迷宮的回憶測試以及壓力測試當中，表現得更佳。

綜合結果如下：更多的細胞生成，增加的突觸組成、連結密度提高，以及發炎比率下降。整體而言，記憶的表現有著顯著提升。此外，公鼠與母鼠同樣能從中獲益[21]。

由動物實驗結果可以得到什麼，若這些結果最後能轉移到人體上，尤其是結果並不會再有任何輸家呢（那些幼鼠）？又如果可能藉由施打血漿，來進行異種共生；或者可以透過隔離、人工方式，製造出那些能造成回春效果的因子呢？

除去難以預料結果的誇張論述，只需一些些想像力，就能思索至某個關鍵點，自該處展開我們的長生不老之路。同樣顯而易見的是，若我們真能藉由異種共生及血漿輸送，總算置身在青春永駐的道路上，那麼我們到現在為止的記憶疑問，或許就會是人類問題的一部分，而這部分很快就已經可加以忽略。因此，我們也就更需要提出更為嚴肅的問題：「我們真的想要長生不老嗎？」如果答案是肯定的，那長生不老是對誰有好處？若引用尼采的思想，會不會造成「永恆的回歸」，這代表的不就是最糟形式的無聊？如此，我們手上也只掌握到整個辯論的一小端而已，不過在我們進入到反問及猜測的階段前，還有個另外的情況會先趕上我們：阿茲海默症。

阿茲海默症以及我們的驚慌失措

我們從一個本來應該會在根本上給我們勇氣的數據開始討論：根據德國阿茲海默症協會資料，只有百分之一．二的人會在六十五至六十九歲間患病。而七十至七十四歲間是百分之二．五；七十五至七十九歲間是百分之六，八十至八十四歲間是百分之十三．三，八十五至八十九歲間是百分之二十三．九，越過九十歲門檻後則為百分之三十四．六。如果我們現在將數據的分配視為一條連續線的話，就會發現那是條急遽上升的曲線，再將這條曲線再延伸出去，看到的會是超過一半的人類都應該會在一百歲以後罹患阿茲海默症，而根據數據，活到一百二十歲百分之百可能變成阿茲海默症患者。

什麼是阿茲海默症呢？這名字源自於發現這疾病的精神科醫師愛羅斯・阿茲海默（Alois Alzheimer），他在一九〇七年德國杜賓根（Tübingen）的一場會議上，發表了相關之臨床發現。這疾病推測有許多之病因，而其中有兩個過程隨著研究時間已經有了一定程度的了解[22]。第一個發現的改變發生在細胞膜，也就是細胞外層的包覆部分。酵素（分泌酶〔Sekretasen〕）會在該處與蛋白質分子（其中包含了前類澱粉蛋白質〔Amyloid precursor protein, APP〕）的鏈結產生反應，而這又會再被分解成一特定之胺基酸線性序列，β類澱粉蛋白（β-Amyloid）。造成這個反應需要一個特定組合的酵素反應，也就是透過同時進行的β及γ分泌酶，造成APP的分裂。若出現此一反應，那麼釋放出的β類澱粉蛋白便會連結並沉澱，意思是，會與其他同樣類型的蛋白質連結，並形成類澱粉蛋白斑（Amyloid-Plaques），這部分可在功能核磁共振成像儀中觀察到。類澱粉蛋白斑這個名字，讀者們或也曾耳聞過，這些斑塊的作用，到目前為止尚無一致的見解，但藉由在老鼠身上進行的比較研究，發現到其對人類腦部的傷害，甚至更加嚴重。

第二個與阿茲海默有著密切關係的改變不是發生在細胞外面，而是在其內部，受到影響的是軸突及其表現架構。更明確來說，那是一個有著支撐作用的特別部分，而此處所討論的蛋白質，其名稱為希臘文字母的Tau。帶負電的磷酸鹽，會聚集在這Tau蛋白質上，使其重量增加，導致Tau蛋白質自其沉澱脫離，並堆積為細纖維群。這樣堆積所造成的結果，就是後續傳導的支撐系統崩壞、軸突的微管受到破壞、神經連結遭到切斷，並且細胞死亡。斑塊的形成與神經傳導的衰竭之間有著如何的關聯，目前尚未有最後定論，不過科學家猜測：我們所曾談論過的發炎反應，會藉著這些斑塊而產生，而這些反應又會作用在細胞及其支撐系統上。從動物模式中得出的結論是：斑塊的沉積，會使突觸失去正常運作的能力。但神經路徑是否也會因為發炎情況的增加，以及信號鏈受到的干擾而同樣受損，則又是另一個揣測。

阿茲海默症這疾病及其造成的細胞死亡，會在腦部逐步攻城掠地。首先受到波及的，是嗅覺皮質層，和掌控我們記憶的中心海馬迴及嗅皮層。也因此，記憶障礙在初期就會產生，嗅覺的缺陷則通常未獲察覺，到了過程的最後階段，整個大腦皮質層都會受到損害。而產生調節性信息物質的那些腦部區域，其死亡也對情緒有著強大的影響，例如，基底核會製造神經傳導素乙醯膽鹼，而這種物質能夠幫我們專注在特定的事物上。若受到細胞死亡的影響，病人就難以保持任何形式的專注力、以及學習新的事物。腦部的黑質（Substantia nigra）則會分泌多巴胺，對情緒的提升及動力，有著共同影響的作用。

在感應元的層面上，這樣的徹底剷除也會導致失衡。如此一來，在海馬迴當中不只接收會受到錯誤調節，穀胺酸的代謝亦然，造成的結果就是腦中的信息物質過多，並干擾到突觸的信號處理。去甲腎上腺素這種東西對腦部有其必要性，為的是與腎上腺素在體內產生同樣的效用：成就的意志，清醒的狀態以及專注力。我們沒辦法再參與新的事物，短期與長期記憶也都雙雙停止運作。我們已無法注意到任何事情，或者馬上又會再度忘記剛才所學到的事物，因此產生出「順行性失憶症」（anterograde Amnesia），也就是一種不會回到過去，反而更加擴展至未來的遺忘，換句話說，新的事物無法接收入記憶之中。

阿茲海默症在過去這幾年，愈來愈常成為小說或電影的主題，茱莉安．摩爾最後就是靠著《我想念我自己》這部片裡的角色拿下了奧斯卡獎，這齣描寫逐步邁向最後完全喪失記憶的戲，讓我們能夠置身其中，並強烈感受到其張力。若要描述其劇情發展，最簡單的就是用一個科技上的比喻：其所進行的是某種逆向工程（reverse engineering），也就是所有能力和腦部功能的反向拆除。而遭到拆除的這些功能與能力，是我們在成人生命中所得到的。到了最後我們又像是小孩子一般，更之後就有如母親子宮裡的胚胎一般，即使在空間中定位也感到無助，失去了左跟右，也沒有上跟下。

這種疾病可能會遺傳，而且有的時候早在三十歲就會出現初期症狀。但是經由遺傳罹患的，只占了不到百分之二的極低比例。其他的情況則出自病情的發展，這過程會持續超過三十至五十年的時間。從病情本身開始，到症狀可以察覺，通常需要十年的時間，但有時也會到三十年。所以有可能三十歲的時候就已患病，但是要到六十歲出頭，才發覺疾病所造成的後果。

基本上，以上這些就是全部確定並能簡短報告的部分了，畢竟造成疾病的原因（少數遺傳性的阿茲海默症案例除外）仍不清楚。科學家注意到其風險因素，與造成高血壓、過重、糖尿病、心血管病變等心血管疾病的那些因素類似，患有心律不整的人尤其是高風險的族群，酗酒也屬於那些該避免的事情之一。若你年過五十仍在抽菸、神經科醫生也會以特別的眼光看著你，因為罹患疾病的機率會再加倍。

《我想念我自己》的原英文片名是「Still Alice」（還是愛麗絲），這部影片以人性的觀點讓我們強烈地認知到阿茲海默症，而簡短的原文片名也最能為其內容做出總結。最終，我們都得痛心地認知到一件事：隨著記憶喪失，我們也失去了所有的人格。造就今日的我們，以及我們想成為的形象的這一切，依賴的是能回顧過去與望向未來的能力。記憶退化，且熟悉容顏如今日復一日變得模糊，愈來愈難以重新認出，對這樣的人而言，又剩下了什麼呢？這部電影也給了一個答案。女主角最後說的，已經說明了一切，那就是：愛。

第七章

集體記憶——不同大腦的連結，還有為什麼我們大家都知道小紅帽？

現在要問的是：「即使腦部及其生理功能不再配合，我們的記憶究竟能否存活下來？」關於這問題，《聖經》給出了經典的回答，但我們必須先相信人死後還有生命，且在最後的審判日會再復活，彷彿我們從來沒有變老、也不曾死亡過才行。另一個可能性則假設，是我們會活下去，並憑藉我們的思想或行為繼續發揮作用，而遠遠超越死亡。像古希臘的英雄阿基里斯，就夢想著長生不老，他唯一需要的就是之後在（荷馬的）史詩中受到歌詠，而讓人類共享著對他的追憶。他會繼續活著，只要人們延續其思考及行為方式，並視為典範、盡可能地去模仿。而這個幻想也連結著這位賢者的夢想，那就是在不同書籍中，所寫下的記憶內容會繼續發揮影響，並在接下來的世代中找到傳人。

然而還有一個其他選項，且其本身所帶來的結果，是我們不再需要希望有個別的解答，例如，重生、仿效者、仰慕者等，而是得到一個共同解決方式的展望。這裡要探討的就是集體記憶，它背後所代表的是，借助記憶，我們在這個世界上並不孤單，畢竟我們身邊的所有其他人，也都擁有記憶。如果能成功地將不同的記憶緊密結合在一起，便會產生一個共同的記憶庫，而進入到這記憶庫的，會是我們每個人所擁有的重要回憶，例如，紐約二〇〇一年雙子星大樓倒塌當時的情況。這樣的個人印象便會與他人共享，即便回憶源頭的那個人已經離開人世了，他的記憶還是會長存。

有一個埋在高塔殘骸底下的消防員，以無線電留下了給家人的最後訊息；一名記者當下的驚呼，這個世界就此改變；完全說不出話的震驚，展現在目擊證人的臉上等，從這些例子中我們得知：個人所得到的印象，如何能在一夜之間成為共同的記憶資產。我們以更進一步的意義接收這些印象，以至於我們也產生印象，不知為何自己也同樣置身現場。我們在看過電影並聽到個人的描述之後，便將那些原先所沒有的印象，在某種程度上看成是自己的。要從中產生個人的回憶，只需要讓這些回憶之後在我們的生平畫記下關鍵及焦點。例如，當被問到「二〇〇一年九月十一日當天傍晚，當時在做什麼？」而我們在回答時，就已經追從了一個內在的同意性，將自己與其他人之經驗混合視為合法。只要我們能夠證明身在曼哈頓中心的何處，以及如何看到了整個過程，我們就變成了事件的某種證人。我們貢獻了記憶的證實性，自己就成了記憶的源頭，至少在我們承認現在正討論「集體記憶」的這個當下。

如此一來，就算我們已經失去了言語能力或者不再存在了，但思考、印象和記憶，也能存活下來。對我們個人曾經有過重要性並成為切入記憶的事物，現在對其他人也會是。就像在例子當中：我們共同體驗到了現場創傷性的一幕以及深深的驚嚇，即使（或正因為）只有那些歷史證人當時真正在場，而許多觀眾及聽眾卻離事件發生地甚遠。我們所分享的對象，不只那些離現場很遠的人，甚至是所有在那個時間點還沒出生的人，只要他們某一天能得知這件事的發生即可。從此，極為個人的印象及感覺就這麼成為共同的記憶資產——自身的經歷進入到集體記憶之中，環繞著我們所有人，並同等地提供著印象。

「這太過美好不可能成真。」方才那些言論，可以想見馬上就會有人這樣批評，原因是我們同一時代其他人以及之後世代的記憶竟能永續存在，簡直像小說角色的夢想般，企圖永保青春並長生不老。然而為何這一定只能繼續是場夢？原因很簡單：我所實際經歷及體驗到什麼、我如何感受和評斷事物，是非常個人和獨特的，以至於在現實當中，根本無法告訴他人。尤其是恐懼及驚嚇，有其完全自身的特性；一個人所必須經歷的事，外界頂多只能靠著直覺猜想。我只能想像，如果自己置身在該處，並以某個紐約客的眼睛，眼睜睜目擊雙塔倒塌的話，那該會如何；或許憂心著，還有家人、同事、或者親戚在大樓裡面。甚至就算是我心中確信了：整個世界就在面前崩垮了下來，一整個世代轟然結束；一個戰爭及災難的漫長世紀，畫下了殘酷的句點等這樣的事件，但要真正體會仍很困難，既無法在當下的時刻體會，也無法體會事件及其所依附的眾多聯想概念與思考。事件的圖片確實會說故事，卻無法重現內部的想法，更不用說重現真正在場的人們的感受。要描述一場事件在我們心中真正造成的影響，即使是言語也無能為力。就算是我望向周圍人的臉龐，看到了恐懼眼神，也不過能更明確地顯示出那恐懼有多巨大，卻無法明確呈現出要有多麼深的感同身受，才足夠體會那樣的恐懼。

若我們將這裡所出現的困難處概念化，意思就是：我們永遠不會進入到其他人的腦袋當中。言語、圖像或者反射，都只是接近然而卻無謂的嘗試。這就有如我戴著厚厚的手套，還想要以觸覺辨認一個得靠指尖的敏銳觸覺才能摸得出來的東西。一切都太不精確、錯誤太多，而且到最後可能還充滿著假象——在現實中可能完全不同，摸起來也不一樣。哲學家湯瑪斯．內格爾（Thomas Nagel）在一九七〇年代初期曾經總結過這個困難處，其方法為建議下列的思想實驗：他問道：「當一隻蝙蝠的感覺是怎麼樣？」（What Is It Like to Be a Bat?）[1]其訊息應該是，我們旁邊的人腦中所進行的東西，對我們來說在現實中是如此未知，就如同要我們理解另外一個（而且還很陌生）的物種一樣。「我們不知道，我們也不會知道。」（拉丁語：Ignoramus, ignorabimus）如果想真正進入到自己同類的想法及感受中，卻連一點辦法都沒有的話，那麼談論集體記憶，究竟有何意義？真正的印象及其特質都留在我身上，是從自己的腦中產生的，也會以回憶的方式，儲存在我個人的記憶當中。若真正的印象不再從中重新出現，或者只以殘缺或充滿錯誤的樣子出現，那麼又有什麼能夠放在集體記憶中呢？公眾的記憶嗎？到底是什麼？

再進一步思考：即使真的有什麼共同分享的記憶，那麼這樣裝有一個集體記憶的腦部，又到底會在哪裡呢？那樣只會再度存在這個存放位置而已，且我們個人記憶也已經占據了該空間。也因此，集體記憶不可能與我們的一般記憶有所差異。難道，重要的就只是從我們本身記憶過程，與公開處理回憶的方式之間，察覺其差異嗎？然而這樣的類比，在形成我們本身經驗和回憶的當中，不會有任何的基礎。或者表達得更生物學一點：這類比在我們腦中不會有任何基礎。集體記憶只會表現得彷彿是真正的記憶一般，實際上靠的只是漫不經心的說話方式，或者某種形式上必須被看做是次要（亦即之後才產生，也因此不真實）的思想現象。

心電感應進到其他人腦中

在這樣進退兩難的情況下，有個實驗可以幫助我們，這是哈佛大學神經科學家阿爾巴洛・帕斯夸爾—雷歐涅（Alvaro Pascual-Leone）所帶領的團隊，在二〇一四年首次成功的實驗，並以心電感應實驗為人熟知[2]。其基礎為下列的場景設定：一位實驗參與者藉由腦電圖接受腦波測量。實驗者必須在過程中，於腦海想著某些簡單的訊息，例如，「你好」或「再見」，所得到的腦電圖資料經過數位化，再以電子郵件附件的形式寄送至數千公里外。在收信地點，這些資料會進行編輯處理，翻譯為一連串的閃光。接著，這些閃光會投影在第二位實驗者的視網膜上，並且是在視野範圍邊緣的那些位置上（我們無法以敏銳視覺看到該處）。這實驗成功了，訊息內容被解讀出來，而且還是在沒有使用到任何像是文字、口語或者編碼化圖像的情況下。換言之，並沒有借助人工媒介的幫助，單靠著腦波的下載，以及透過光學訊號轉換，將同樣的腦波上傳，便完成了溝通。

看起來似乎已經找到一根直接的纜線，這是心電感應的想像所一直夢想的。而這纜線之所以直接，是因為輸出及輸入的訊號無法再加以區別，且訊息不必再轉譯為其他形式。思想現在能以其來源代碼或母語進行轉移，而這與腦波的訊號順序並無不同，就跟每個想法開端一樣，亦即原先產生的形式。我們之前還仰賴著言語的表達，現在則自己開始內心的言談，並將其從一個人的腦部，轉移至另外一個人的。當然，魔術不算。

清楚的是，要是真能成功達成沒有任何內容或感覺遺失的心電感應，還有很長的路要走，我們也還不能聲稱這樣的實驗在各方面能經得起科學的檢驗。

接著可以討論，腦波是否就已經是一種媒介，正如同言語及圖像那樣？以及腦波本身，是否又會使我們最個人的想像受到某種程度的編碼？像所有的媒體一般，我們的想法也必須先翻譯才能進入。我們若認為這反駁論點沒有意義，那或許會認為，至少腦波的數位紀錄，本身就會造成訊息的扭曲。

人類是否真能了解另外一個人？

在超過四十年的時間裡，針對親近式理解的可能性，一直存在著激烈的解讀鬥爭。別人是否真有可能別人理解我內心最深處在想什麼、感覺到什麼、又有何感觸？有沒有可能，更一般性來說，在我心中那完全靈魂性的部分，能夠如此轉移並物質化到其他人所能理解的程度呢？我們能否假設（這也就是辯論的下一階段），心靈真的能轉譯為物質嗎？心靈是否有其智慧及感受，而它本身就是一個單獨的世界；而物質則是不同的一個世界，甚至是個相反的世界呢？

最後從這場爭辯，產生了世界觀的戰場：一方面是**理想主義**，另一方面則是**現實主義**。理想主義者認為，心靈構成自我的宇宙，裡面任何有重量並能感受到的東西，都不再具有其位置；相對地，心靈的自我完全處在自身環境，猶如回到家一般。理想主義者抱持的想法是，最終的現實，只能在我們思考及視為真實的地方，才找得到。他們所假設的，也就是現實只有在第一人視角，才得以理解。相反地，現實主義者認為其行為模式恰巧相反。真正而確實的事物，必須從科學家中立而保持距離的觀點來觀察，這在專業術語稱為自第三人觀點。只有能夠根據自然科學典範而客觀化的發現，才能受到認真看待，也就是只有世界中那些可以物質化並機械性理解的過程，方可認定為真的存在。若沒有任何塵世價值，純粹心靈的過程也只是個迷思，或者科學上的童話，像是（到目前為止）心電感應一樣。

以下我們有兩個建議，以期在探討中能更進一步。首先應該要注意的是，沒有任何宗教或神學性的動機潛藏其中，使討論產生不必要的複雜化——如果我們問一個人，為何最後從來完全無法（或者可能根本永遠無法）真正理解另一個人？那麼這樣的動機，就極有可能牽扯其中。

當我在自己的皮囊底下感受和評價事物，或是我對於特定想法有其特殊理解，這當然多少總是獨特的。我們通常在與其他人互動交流時，都會非常成功地產生一個圖像，顯示出對方的情緒狀況，或者他們的情緒走向。如果無法理解的話，其實我們也有機會可以去追問，並更加理解對方的情緒。

閱讀小說，並且跟著第一敘事者角度走的讀者，基本上已經假設了其他人身上進行著某些事情，而這些事情，我們本身也可以用同樣或類似方式去經歷或理解。而主要形式的不信任之所以出現，是要等到其他先決條件也參與其中才會，例如，宗教及神學的假設想法就是。在基督教新教的神學當中說到：生命有限的主體之間，永遠無法彼此理解；而獨一無二的上帝，才有能力完全透視生命有限的存在們。只有上帝才能真正望進我們的靈魂，並對所發生的事給出有效力的評斷，人類則無此能力。如果真是或應是如此，那麼我們可以把那些最好、最清楚的理由，拉進來解釋為何我們彼此了解，並運作得很好且令人滿意——但人們不會相信這些的。

第二個建議是以一個新的解釋模組為基礎，並同時認真看待不同網絡的想像。至於為何這樣的假定想法會帶來幫助，若我們再次將現實主義者和理想主義者的基本問題呈現至面前，那麼一切就會變得明朗化。現實主義者假定：世界的個別組成部分之間，只存在著因果性的關係。根據這假定想法，在腦部這案例中，一直都會有一個神經元對另一神經元發生作用，結果會從中產生一個作用鏈，而這作用鏈又會再歸入我們周遭環境的廣泛因果過程當中。從這個假設性想法，也可以產生以下的想像：我們所有的行為，最後都是因果決定而得來的。換言之，只是跟隨著因果關聯的一個純粹機械性順序而已；就好像鐘錶當中有個彈簧施加力量，引導齒輪的作用以及最後指針的移動一樣，人類的行為主要也應該要能夠解釋，並且事先預知，不過前提必須是我們處理得來一天內資料的數量。

解讀到這點，理想主義者的反對聲音就出現了。他們堅稱，我們的生命畢竟不可能存在於因果鏈單純的順序之中，生命還需要有使用心靈的時刻，或者以更挑戰性、也更人性的話來說，是**自由**的時刻。若我們不想只當自然機械性作用的其中一枚棋子的話，至少第一股動力，必須從我們身上產生。前述鐘錶裝置的圖像，在十八世紀時就已被用作說明，這邊再藉其模組化來呈現心靈的事物：鐘錶至少需要有個人來旋緊彈簧，之後一切才得以進行，就如同力學理論般的發生那樣。

自由或決定論，針對這句話，今日現實主義者與理想主義者的爭論，也變得更加激烈。許多有關這主題的專業文獻已然問世，是否告一段落則未可知。如果理想主義者堅持，在腦中最後只有因果定律能受到運用，那麼現實主義者則提出此發現做為反擊：我們在這樣的想法之下，便喪失了最簡單形式的自由，是要這樣行為還是那樣行為的自由決定。人類必須有能力產生這世界某種形式的開端。人類本身，也必須要得以稍微扮演一下神，其方法便是，容許自已能充滿創造性地在這世界上有所作為。

自由或決定論？

如同我們今日所能輕易了解的，人類心靈的純因果性解釋模式（根據複雜鐘錶的範例），已經不再足以處理我們大量的新知。原因是神經生物學研究長久以來顯示：並不是像齒輪逐一嵌合那樣，單純只有一個神經元在對另一個神經元產生作用而已。據我們所知，更應該是不只一個或者大量的神經元參與此一過程，即使只是影響單一細胞的放電反應亦然。另外也知道，單一一個神經細胞，不只會與同一組織或網絡的其他細胞有連結關係而已，也可能與數個完全不同網絡有所連結——使用在感官任務上的同樣細胞，同時也可能在情緒的關聯中有其重要性。最後我們希望提供已經很明顯的事實：即使不同的網絡之間也會再產生關係，而區域網絡也就進入到更高層次的網絡之中。

而與現實主義者和理想主義者所堅持的想像不同的是：我們完全無法很明確地分類，哪些神經元發揮的作用是原因，哪些又只是接受的結果。其原因是，因果關係在不同網絡中（正確來說在網絡的網絡之中，其再一次受到網絡的協調）非常複雜又有能力造成多層次的交互作用，以至於要求要在「自由還是決定論」兩者間做出選擇的簡單論述，必然顯得毫無意義。換言之，每當一個層次中發現神經元會造成特定的作用時，同時一定會在更高層次上再次受到納入，以至於該作用會再造成完全不同關聯性的結果。這些結果在繞了很多圈之後，最後反而再度成為追蹤個別作用鏈的起始點，被認為能有完全不同影響、更加全面性的因果關係。

再更仔細觀察的話，也會顯示出：就大腦中實際的過程而言，光是傳統上對單一、普遍性作用鏈的想像，就並不正確。這三十年來，我們了解到在細胞的層次上，訊號的重現並非以線狀發生，這些生化的過程，並非單純依照「A提高B」的模式。而在研究這樣過程的模式化時，提出解釋的是一名任職於德國海德堡大學的專家烏蘇拉．庫莫（Ursula Kummer）[3]。也就是說，不會單純釋放出任一個信息物質，並在釋放後就緊接著產生某種反應；而更應該是信息物質（例如碳離子）的濃度快速上下變化，或更明確來說，其濃度會震盪，原本的資訊則無論在「濃度震盪的振幅及頻率」中均可找到其蹤跡。而完全不同的訊息，也就能在某個信息的釋放當中獲得輸送。

此外，在接收的蛋白質上，也不只一個連結點可以讓信息物質停靠，而是有著數個。依據這些物質在這些地方的連結強度，能接收到不同種類的訊號。在稱之為「合作性連結」的專業術語當中，我們需要預料到的是回饋的效應。而這些回饋效果在系統層面上，又只是更進一步交互作用的出發點而已。

若我們仔細觀察，系統整體的活動如果再度對單一細胞或細胞類型的活動產生反作用，還會變得更複雜，而且還是無時無刻[4]。單單最簡單的察覺過程，就已一直都是資訊迴圈的結果。在資訊方面，需自感覺器官進一步送出處理的，會相反地再度受到控制與調節[5]。

從我們的視角來寫下結論：自由或者決定論是兩個選項，產生自對腦部的機械（因果性及決定論）的解讀。若我們反而將這網絡看作是對腦部研究而言，一個符合時代的模式（這種想法的背後，當然是基於我們在網路時代對網絡架構的多樣性經驗），那麼自由和決定論，就只是「在連結網絡系統的情況下，如何可以做出決定」的兩種極端形式而已。自由和決定論本身，也就頂多僅是系統活動的效果和結果而已，而與之連結的世界觀，就我們腦中過程的解讀來看，也早已消耗殆盡。

為什麼我們從沒讀過小紅帽，卻記得這個童話

為了除去「為反對集體記憶而提出的完全基本形式」的疑慮，現在我們先暫時轉移焦點。一個人的記憶，能夠連結到另一個人的記憶嗎？單一的個人是否真能理解、體會另一個人對方腦中所進行的事情？如果我們彼此在心靈上如此接近，最後能否協調得來？

在這樣的原則性討論之後，我們便得以帶著（理論上的）良知，來進一步探討這現象，所憑藉的是去理解集體記憶究竟如何建構以及發揮功能。大約九十年前，法國社會學家摩里斯．阿爾布瓦克斯（Maurice Halbwachs）給予了「集體記憶」這個名字[6]，自此以後，這概念便在某些層面上擴展並精細化[7]。藉由溝通記憶，記憶得以成形[8]，而在這種記憶裡，只有以口語形式流傳下來的，才能傳承下來。至於文化記憶的部分，則書面的紀錄也可加入，或者其他的資訊載體也得以做為記憶輔助使用。我們通常認定溝通記憶有著有限的生命長度，

一般大概認為在三到四個世代左右的時間，而文化記憶則原則上可以永存。

但集體記憶是如何本身就具有能力展現出怎樣的結構，以及我們必須以怎樣的模式來想像共同記憶？在這問題上也有著不同的意見。阿爾布瓦克斯當時仍想像的是，在共同記憶當中，我們個人的回憶會像在一個大交響樂團一樣，彼此調節。也因此記憶本身，必須以樂譜的形式來想像，由我們大家個別、但同步協調地在演奏。而這樂譜以象徵的方式，代表著我們整體的文化。其他的模式，則以神學的範例做為基礎，研究古埃及的學者揚·阿斯曼（Jan Assmann），便將一神論的信仰體系，視為我們集體記憶的範本[9]。之前每個單一個體所相信的，顯示出了本身的規格化，並化作可重複的固定用語及準則。在共同朗誦祈禱的過程中，個別的記憶也跟著同步協調，信仰的團體確認了其本質重要性內容，本身並且分享著現實的基礎。

最後，皮耶·諾拉（Pierre Nora）等法國歷史學家所想像的是，我們會在共同記憶當中，出現在某些所謂的記憶場所（lieux de mémoire），也就是在特別的記憶位置上[10]。例如，有人充滿愛國心地專心聽著，或者跟著唱法國國歌的話，那麼此人在這樣感動的時刻，便與所有其他也做著同樣事情的人，分享著那樣的集體記憶。集體記憶也就與政治及國家團體，產生了連結。

上述所提及的這些開端想法，都起源於二十世紀，而我們想儘量簡短地描繪：做為網絡的集體記憶新圖像，已進展到哪了，我們能如何用二十一世紀早期就已經有的多樣化網路平台為範例來做介紹。我們用以下這個例子來說明。

曾經沉迷於德國益智節目「百萬大富翁」（Wer wird Millionär）的人，大概常常會感到驚訝：參賽者還沒看過所提問的問題，怎麼可以找得到答案，更不用提甚至還已經知道答案。是怎麼靠著直覺及猜測就能過關斬將，並不知怎麼地，答案就已經準備好要脫口而出了呢？又為什麼向觀眾求援詢問，大部分的情況下都如此可靠有用呢？為何主持人可以透過技巧性地追問或者模稜兩可的表情，就事先透露答案呢？

在機智問答中，知識的成長可以用下列方式來理解。我們先想像，某個童話的細節以這樣的方式提問出來：「當獵人從壞野狼的肚子裡將小紅帽跟祖母救出以後，在裡面裝滿了什麼？」接著如同節目慣例，有四個選項提供選擇：A鉛；B石頭；C蛋糕；D葡萄酒。剛好不幸地，參賽者從來沒有讀過格林童話，或者可憐小紅帽的故事已經不再流傳，因此剩下的唯一方法，也就只有聰明地思考並評估哪一個聽起來最合理。蛋糕這選項先刪去，小紅帽在野餐籃裡是有蛋糕要給祖母沒錯，不過蛋糕幾乎沒辦法做為適當的懲罰，難道說大野狼會因其惡行而受到獎賞嗎？這也同樣適用於小紅帽應該也有幫祖母帶的葡萄酒上。剩下的就只有鉛跟石頭了，在這兩個之間做選擇。若跟隨故事的邏輯，獵人完全有可能是把鉛裝進大野狼的肚子裡，畢竟獵人射的是鉛彈，而且鉛又有重量，這樣大野狼就很難從現場脫身。或許使用call out刪去法能幫忙將C跟D選項刪除。到決定的時刻，此時集體記憶可以藉由下面的方式提供幫助：現在不要只問自己哪個選項本身合乎童話的邏輯。也就是說，不要再試著單獨從最合理的上下文中找尋最正確的答案，更應該問自己的是：「在聽到這樣故事的時候，有什麼可能會就更深層的意義還存留下來，並在一段時間之後，隨之進入到我們的集體記憶中？」舉例而言，這樣進一步的作用，可以在慣用語裡面重新找到，好比我們到現在都還是會說，某件事「像是心頭上的大石頭」壓著我，這不是只有在我們心臟出現結石才會說的，更是在問題有道德上的成因的時候。我們扛著，並到處帶著些什麼在身體裡（某個必須做出的決定，或者某個需要負責的行為），並因此感到不自在，道德擊中了心臟。而童話最愛象徵了。現在要做決定已經簡單一些了，答案顯然是B，石頭。

當我們不知道下一步該怎麼辦的時候，集體記憶可以提供幫助。在這樣的情況下，集體記憶也就是會帶領著我們前進的內容連結。但矛盾的是，那也正是我們忽然完全想到原本內容的當下。記憶進入到共同對其造成影響的背景當中，藉此方式我們也就能在反論以及從背景中，再度得出內容。我若從網絡中拿出一個其中的元素以及與之相關的其他元素，就會再度開始預先鋪路，而這樣的預先準備，我們完全得以如此想像：不是只有資料進行傳輸而已，這有助益的預先準備，更出現在所有生命世界的背景中。記憶彼此之間也就組成了一個網絡社群，並互相協調出評價：某件事物對這名使用者或這個群體重要的程度有多少；作用有多持續，是一天還是永遠；我們對一件事的印象會改變多少，還是保留不受改變。集體記憶會一步步運作，就如同我們新的百科全書也根據著維基百科的範例進行那樣，其方式便是嘗試創造整體的大綱以及細節的聯繫。每天都會加進新的東西，分類進去、編修，再重新以知識的狀態呈現出來。最後，集體記憶還提供我們導航的幫助，在遲疑的情況下指引我們方向，教導我們如何處理可利用的評斷及比重評估，以及處理資訊與其持續性的新理解。

在我們的益智節目當中，這角色會由主持人接下，他給予提示，並在某人太快集中注意力的時候，提出警告。如果參賽者表現得太過遲疑的話，主持人也會幫忙打氣、並以言語引導。參賽者及觀眾、救兵及專家，還有主持人本身，如此看來，就是集體記憶每天有能力處理事物的最佳寫照。當我們被問到根據自身學習經驗完全不可能知道的事，在這樣的情況下，集體記憶便會幫助我們走出下一步。如此一來，最後很可能我們每個人都熟悉了小紅帽的故事，即使在小時候的成長過程中完全沒有聽過這童話。

第八章

「人類大腦計畫」——記憶是否會上傳到未來？

「我們的記憶如何能變得長生不死？」這是我們在此書一直探討的問題。在前面的幾個章節中，我們介紹了經典的開端推論以及問題解決方法，現在要在最後再次望向未來。目前一個普遍的未來幻想，在於我們能夠將記憶轉移至機器上，以拯救其免於衰落這樣的想像，常去看電影的人，或許就曾看到這樣的幻想。甚至在不久前（二〇一四年），強尼．戴普所主演的電影《全面進化》（*Transcendence*）也探討了這一點。所有我們放入記憶並完整思索過的，會經過數位化並上傳到一個外接的巨大記憶體當中，到了之後某個時間點，就如同《全面進化》劇中一樣，如果身體能夠再度製造，那這段時間所儲存的記憶就可以再下載下來。記憶也就以超越肉身的死亡而存活下來，方式就只是在之後的某個時間點，將其播放至一個再製造出的載具上而已。

不過，顯然這邊的內容，還只是個科幻場景而已，但現在已經嘗試企圖將人類腦部及其記憶數位化，並將其複製建為電腦模擬。就如同我們在〈導論〉就曾短暫提及的，這類計畫中目前最具重要性的，就是始於二〇一三年的「人類腦部計畫」（Human Brain Project）。之後有另一個瑞士大型計畫或許會超越它，該計畫之研究內容為核子物理以及歐洲核研組織巨型粒子加速器，歐盟提供了十一億九千萬歐元進行人類腦部計畫，並且有超過八十間歐洲及國際研究機構暨組織參與其中。而如果我們也考慮到，在同一時間美國也正進行著一項名為「腦啟動計畫」（BRAIN Initiative）的實驗，時間規畫為十年，且每年據稱會花費超過三億美元，便知道這樣的計畫多麼遠大——總共會預備將近四十億歐元，只為了完成「計算腦中每個單一神經元的活動，並加以追蹤」這個單一目標。

美國的啟動計畫，被認為是「人類基因組計畫」（Human Genome Project）的承接。在千禧年開頭時，便是藉由該計畫來解碼基因密碼；而現在要來破解的，則是心靈密碼。這是一個帶有美國特色的計畫，就像是發現美洲新大陸一樣，還持續置身在發現新世界及大陸的道路上。腦部地圖上最後未知的白色空缺，如今即將填補上，某種Google地圖產生，並可放大後進入我們的腦中。至於歐洲的計畫，則有著不同的規畫，目標為創造出一個電腦模組，並在其中模擬腦部所有的活動。最早開始製作鐘錶的人，其興奮之情或許會再度襲上心頭，因為當時這些人做出精密機械的巧奪天工之作，便認為重建出了這世界完整的運轉秩序。現在我們所想要了解的，是人類的心靈如何運作，想像中的一個完整世界，在心靈當中又是如何組合在一起。

早在二〇〇七年底時，人類大腦計畫的其中一個子計畫便已經完成，做為計畫的開端，當時是計畫以電腦動畫重建出一個新皮層柱。就如同名字所告訴我們的，這樣的神經柱出現於大腦皮質層，大小有如一根大頭針，在人類身上，大約有六萬個神經元會在其內進行組織。由於我們還在這項計畫的開頭，因此讓這份工作稍微簡單一些，先從重造出老鼠腦部這樣的神經柱開始，裡面只有大約一萬個神經元而已。根據計畫執行人亨利·馬克拉姆（Henry Markram）的描述，下一個步驟的概念非常簡單：每一個神經元都會分配到一台筆記型電腦，也就是總共將一萬台筆電組合在一起（在一台大冰箱裡面），彼此之間串起連接，然後看看發生什麼事。至二〇一一年為止，已經進步到可以模擬出一百個新皮層柱的交互作用，這總共包含了一百萬個細胞；科學家宣稱到了二〇二三年，將總算能成功將人類的大腦以電腦的模式進行運轉。就容量來看，我們在數量上等於一千隻老鼠大腦的總和，換算成神經元的數量，便會到達將近八百六十億之數。

但是到那一步還有很遠的路要走。需要加以探索的不只參與神經元，以及其突觸連結的數量，還有「有水分」電腦（我們的大腦常被視作如此）的處理速度。二〇一二年的時候，連線電腦之中的過程，比起腦中資料處理，還需要多將近三百倍的時間。要在電腦上模擬出腦類活動真正的一秒，也就需要等待五分鐘的時間。

而人類腦部計畫，也連帶著道德及實際的動機：若我們用電腦程式工作的話，便不需要進行有試驗動物的實驗，因此對人類腦部的侵入若要發生，也只有在會受到更大危害威脅的情況下才有可能。且即使處於那樣的情況，也還是可能在道德上有爭議。

我們希望事先考慮到的偶然干擾以及與其他原因的交互作用不會發生，電腦模擬應該就可帶來更明確的實驗結果。而在虛擬環境中的實驗不僅應該更有效率且準確，也會更便宜。

參與的不同學科領域，所追求的是不同的目標。像醫學所期待的，是藉由這種腦部的軟體，能更完整評估以及診斷：那些需要人類硬體診治的疾病（一方面代表的是辨認哪裡出了問題，另一方面則是預測其發展及停止點），不用像到目前為止，只能單純觀察並一直等待，直到傷害已實際造成。

相反地，當資訊科學家和軟體設計師真的成功降低人類智能相對於機器所仍具備的優勢時，他們也期望能達到這樣的目標：打造出思考機器，並超越其機械性，讓這些思考機器跟我們人類一直以來所做的一樣，有彈性且可調整地去處理需要解決的問題。

最後，科學家希望這不只是大家想追求的現實計畫而已，對理論及哲學的基礎研究也應該要去進行。因此，這計畫的網頁並未忘記標註，說這計畫也與「對科學的好奇心」有關，以及也與「意識」、「人類心靈」等現象相關。

不過在同一時間，受命執行這計畫的科學家團隊之間，產生了不一致的意見[1]。神經生物學家發現自己相對於資訊科學家陷入了劣勢，他們表示：「傳統生物實驗之資金不足，且資訊科學家會擅自將研究目標占為己用。」二〇一四年時他們也發表了一封公開信，裡頭向大眾說明了其爭論點。

然而就我們的角度看來，要比組織的困難度及資金分配更具重要性的，是這項行動的基本原則性問題，現在就連計畫執行者也愈加必須要面對。慕尼黑大學負責理論神經科學的研究員安德烈亞斯・赫茲（Andreas Herz），被指派為兩個學科之間的協調人，他提出了下列的反對論點：一方面將資料自人腦轉移至電腦是否真能成功，這部分本身就有疑慮。有沒有可能那些腦內的生理性過程，其差異要比微處理器裡我們就實驗意義所預想且能夠彌補的還要更大；然後第二點是，需要再一次自問：用作資料過濾目的代數，是否真為成功的關鍵？這段時間以來，此一問題也因巨量數據的討論而為人所知。代數向來只會自所提供的資料數據過濾，並在計算得出的相似性當中，找尋出關聯性。而其模式辨認，又以所認定的模式究竟為何這樣的數學想像做為基礎。而仍令人存疑的是：我們是否真能藉由分析的代數模組來理解腦部的過程；或者是否那些模式程序，就是電腦本身所揣測的。

不過，我們還有另一個反對的論點，而且是個更加基本性的論點。這論點出自於海德堡大學的瑪西里烏斯學院（Marsilius-Kolleg），這是個我們倆都非常感謝的機構。簡單摘要其論點如下：最好的情形，是人類腦部計畫能夠讓我們在功能方面，得到人類腦部的一對一複製品。但是這樣的重建對我們來說有何收穫？就疾病及其過程而言，我們有何進一步了解？或者，我們能如何增進對「人類心智」及「意識」的理解？

這邊舉一個例子：我們每個人都曾經看過〈蒙娜麗莎的微笑〉這幅畫，無論是掛在巴黎羅浮宮的真跡，還是在技術高超製造出的麵食外包裝插圖上。自從蒙娜麗莎這幅作品問世以後，許多人就提出疑問，她的笑容本身意義為何？或許就藝術品而言，沒有任何其他問題比它更常被提出的了。無論人們是以何角度切入這議題——藝術史的角度（有沒有什麼也露出類似神祕微笑的先例？）、自傳式的角度（或許模特兒本人就是這樣微笑的）、深層心理學的角度（畫家畫的是自己內心所潛藏的女性一面），就是無法找出一個令大家都感到滿意的解釋。

現在出現了另一個想法：我們將畫複製一份，藉此探討蒙娜麗莎的祕密。然而問題在於，我們這樣就會比較了解那特殊嘴形代表的意義了嗎？無論我們以哪個角度向這幅畫走近，她還是不斷對我們微笑著，但笑得仍一如往常神祕。

在人類腦部計畫的方面，我們顯然也沒有任何新進展，如果想要了解人類腦部（若「了解」意思指的差不多是我們得以嚴苛地就科學意義提出的話），一份複製品也無法解釋些什麼，因為那只是把同樣的東西再擺出來一次而已。我們針對這複製品的問題，和我們針對人腦所提出的問題一直都一樣，只是一再重複而已。即使真能在不到十年的時間之內，成功創造出一份人類腦部的完整電腦模擬，我們還是只停留在原本研究的最開頭而已。在這模組上，之前在人類腦部原版的部分，我們所想要進行的研究也必須完全從頭再開始。

然而，其實我們還是有一些疑慮：如果我們那麼快就拒絕這模式策略的話，會不會把事情看得太簡單了？原因是，我們可以透視並持續追蹤裡面到底在進行些什麼，這樣要了解不是輕鬆多了嗎？這問題早在三百多年前，就由戈特弗里德．威廉．萊布尼茨（**Gottfried Wilhelm Leibniz**）提出過了。萊布尼茨不只是個哲學家，也同時是數學的先驅；他與牛頓同時嘗試理解微積分學的祕密。如同他那個時代一樣，萊布尼茨也對計算機很感興趣，當時的計算機，還得回去借用類比的技術，卻也已有能力產生十分驚人的成果。可是萊布尼茨對計算機並沒有像當時候的氛圍一樣著迷，那時的環境一般認為，在機械性的計算運作當中，能發現一些神奇的東西，例如，理性組合的永恆規律，以及簡單機械運作的共同合作。在類比的電腦中，找得到像是「機器中的靈魂」這樣的東西。即使萊布尼茨覺得這樣的想法有著奇特的吸引力，然而到了某個階段，當人們認為只要打開機器看看裡面發生什麼事，就能找到裡面的靈魂時，他卻不願意再參與那樣的幻想。

萊布尼茨說明看法的範例相當簡單：我們先想像自己沒看過風車。然後，此刻風車就矗立在田野間，葉片在風中轉動著，看起來如詩如畫；接著我們靠近，打開大門或者自倉門望進去。現在看到了什麼？梁柱、輪子、動力渦爐、變速比、灰塵，耳朵聽到的都是木頭嘰嘰叫的聲音。此時我們有比較了解什麼是風車了嗎？這問題有趣的點在於，這當然絕對可以增進對風車的了解，不過前提是我們之前就已經知道，或者至少有個假設想法，這樣有著獨特機制的設備對何有益。我必須先對「是什麼讓一座風車得以成為一座風車」有著某種想像，如此才能加以辨認。若沒有一些想像，望進去看的時候，映入的只有機械性的齒輪裝置而已，而這齒輪裝置本身還無法透露出其運動之整體組合究竟有何作用的線索[2]。

現在如果再將這概念轉移回到腦部研究，就會顯示出：這也同樣是在我們所處的情況之中，會產生問題的原因。即使我們藉由一個一對一模式，能夠對人類心靈得到更深入的概觀，但還是無法了解這與心靈本身有何關聯，除非我們之前就已知道心靈本身為何。風車裡的機械動力裝置所告訴我們有關風車的事如此微小，同樣只提供我們微薄資訊的，是保證我們神經元存在的電腦間資料交換，而這應該要高於資料轉移層次的意義及目標才對。與出發點相比，現在我們又再空手而歸。原因是神經元純粹性的放電行為，也並未提供我們任何有關其意義的資訊，若真是如此，我們如果只是將純粹性的放電行為轉譯為電腦語言，並盡可能忠於本質地重建的話，基本上仍無法有所進步。

在我們介紹想法的最後，必須再重新思考：人類腦部計畫，是否最主要只是一個榮譽性行動，以及這可觀的研究資金是否真的值得？像那樣去追求心靈謎題或者意識本質的人類問題探討，是絕對無法藉由其幫助而解決的。原因很簡單，那樣的問題以實驗來說，根本就無法解決。就像我們剛才所介紹的，我們必須了解心靈為何，才能了解心靈所應具備的能力。

就實際的目標而言，則必須要進一步問道：範圍較小的行動，會不會反而更有成功的可能性？畢竟研究基本上，有助於專注在單一的問題上。我們也必須思考，將具有挑戰性的單一計畫，思慮周詳地統合起來，最後是否能夠產生更完整的結果？最有可能的是，資訊科學終有一天會實現這個遙不可及的目標，那麼我們就會更進一步接近能讓機械解讀人類腦部這樣的未來展望。我們將能夠想像「如果我們的完整記憶轉移到外部記憶體，以期待日後某一天，能再度存入類似於人類的載體」將會是何等景況。最後，我們對自己和讀者想再提出的問題是：「我們真希望如此嗎？如果人類長期陷入睡美人般的睡眠，之後在未來再度醒來，而一切都與生前不一樣的話，那世界又會做何景象？」若真的沒有任何意識會消失，而我們到頭來都長生不死，我們會想要活在一個這樣的世界裡嗎？這些問題既令人期待又感到不安，但同時又會是一本完全不同的嶄新書籍題材。

結論

神乎其技的記憶如何帶領我們邁向未來

在長跑路徑的終點，仍有個問題要提出：「我們的記憶事物要如何繼續下去？」如同我們所指出的，在我們討論範圍內，現在已經存在著烏托邦，能讓我們和我們的記憶變得長生不老。美國情境喜劇《宅男行不行》（*The Big Bang Theory*）裡，主角謝爾頓・李・庫珀博士（Dr. Sheldon Lee Cooper）決定要調整飲食並進行運動，好體驗自己的記憶和高達一八七的智商能夠找到新載體的那一天；Google發展部總監，雷・庫茲魏爾（Ray Kurzweil）同樣夢想著人類能夠「克服其生理」[1]，並預估二〇四五年的時候，便能達成這目標。同時他也預測，我們將會以機器人的形體，四散至宇宙當中。在那裡，我們將會定居在未知的銀河中，並讓遙遠的文化與我們的文化產生接觸。至於其他意見，就比較具批判性，例如，我們提到過的電影《全面進化》，便對於人類進化到如此的情形，做出了社會反抗的預測。而黑色烏托邦的類型主題，最遲在《魔鬼終結者》系列電影之後，便與其所對立的白色烏托邦同樣存在，並令人印象深刻。

無論這些遠景再怎樣令人不安，或者可能令人安心，我們在此想再次回顧我們這一刻及不久的未來將會面臨到的事物，也是我們在研究中實際會探討到的問題，那就是對記憶的要求，現在已經改變，而我們又如何能夠有意義地去處理。這方面的挑戰出自於我們現有的科技文化，並不需要任何的科幻想像。

讓我們從幾個例子開始：以往倫敦的計程車司機，還需要熟悉這城市的地圖以及兩萬五千條道路和兩萬個景點，才能拿到執照。而研究計程車司機的海馬迴，確實顯示出這些司機的此一腦部區域容量，比一般人平均還要高，但現在則只需要一支智慧型手機，就能輕鬆應付同樣的挑戰。以前的學者還得讀好幾年的書，才能學習到廣泛的具體事實，而這也是提出複雜學術理論所需要的，但現在則有百科全書的超連結，幫助我們將那些知識迅速可靠也隨時準備好。每個在維基百科時代長大的學生，都會注意到：（舊）教科書還列為學習內容的東西，現在已經不用再死背。網路上的百科全書，已經可靠地為我們準備好了。我們的日常文化也同樣產生了顯著的變化，只要想想自拍照就好，幾乎在任何場所都會見到，因此會面產生了紀錄，拜訪新地方也記載了下來，而所有這些東西，以前我們都還會託付給記憶。

我們在此只短暫談論到的發展，其中一些或甚至許多都是可以進行批判性審視的。當然我們或許也感到遺憾，現在的年輕人不再背誦詩詞；但也可以問自己，完全靠著導航幫助，這樣是否是件好事（萬一網路壞掉，那麼我們會有多麼失魂落魄）？我們也可能覺得十分驚訝，到最後大家參加派對，只為了互相拍照或錄影，接著就又回家了。有些東西遺失了，許多東西還是值得懷疑，有些發展我們或許永遠不會理解。

不過在這邊所討論的，並非同一件事，我們所要討論的是：藉由新科技助理的幫助，記憶已經來到一個之前無法想像的情境。我們的記憶卸下了負擔，並得到之前從未擁有的自由空間。傳統的保存任務轉移陣地，並由外部記憶系統所接收，其他品質檢驗的領域，如今也已開放。然而究竟是哪些領域呢？

我們在本書中所提倡的，是以一個全面的關聯性來理解記憶。而這特別之處在於不只將其視為資料的記憶體，而是一個生命的計畫者。有鑑於現在最新科技的發展，這是值得的，我們記憶的生命實踐特質，如今能夠更明確地發揮作用。我們再次回到例子，那所代表的也就是：我們在導航的方面記得從A到B怎麼走，這不再那麼重要；更重要的是我們到達B地以後，我們會做些什麼？道路的規畫，提供了之後行動的空間。

同樣地，經由新的途徑，我們接觸到了新層次的知識。而那些途徑，是我們透過百科全書及其連結所發現的，重要的不再是蒐集知識，更是解讀已存在的知識。不是將記憶做為事實收藏的地點並加以利用，現在要將它當作解讀的代理人。那麼現在就先以這些事實，開始進行些什麼。就我們的討論範圍而言，甚至新的自拍照文化都不是完全沒意義——我們反問自己：「到底誰實際在場？還有當時到底發生了哪些事？」在這樣的時候，見面的紀錄可以減輕我們不少負擔。我們也就不再重新探向記憶，以重組出過去的情形；而是以其為基礎、進一步提出問題，下一次見面的時候可以著手開始處理些什麼。

這些規畫、解讀及改善更新的問題，記憶都參與其中，這一點我們也已使用不同的方式見到了。畢竟記憶在每個任意的時刻，從白日夢到夜間夢境，已產生了情境，而且是依照著我們現在的行動，其未來所可能發展的方向。如此看來，我們的記憶也是座未來實驗室；從過去經歷之成分中，為可能的未來帶出有利用價值的預測。若我們最後想表達記憶藉此浮現了什麼核心任務，那麼可以如此總結：重要的是將大大小小的未來展望，就自傳性的意義加以找出，並綜合評估。從現存的材料中，需要製造出一個整體解讀，這解讀首先就讓我們產生進一步成就自我的可能。而我們的記憶如果在人生的盡頭，可以再次成功重新辨認出過去人生中的自我，那麼記憶也就順利完成了它的任務。那我們就能說出過去的自己，是怎麼走過人生道路的——無論我們所追隨的單一路線，有多麼複雜而曲折。

在互動的現代文化中，或許會比之前更容易在記憶當中發現人生的伴隨者。那樣的伴隨者，能夠在我們不斷遇到複雜的情境出發點時，提供充滿創意的解讀。而我們也以此一展望做為結語。若這能成功，那麼我們就會了解：神乎其技的記憶，是如何能自過去當中，最後創造出我們的未來。

附註

導論

1. W. B. Scoville, B. Milner, »Loss of recent memory after bilateral hippocampal lesions«, in: J. Neurol. Neurosurg. Psychiatry 20 (1957), S. 11-21.
2. 康德（I. Kant），《判斷力批判》（*Kritik der Urteilskraft*），§ 46, B 182/A 180。
3. 奧古斯丁（A. Augustinus），《懺悔錄》（*Confessiones*）XI，14，原文：»Quid est ergo tempus? Si nemo a me quaerat, scio; si quaerenti explicare velim, nescio«。
4. 亞里斯多德（Aristoteles），《論回憶與記憶》（*De memoria et reminiscentia*），出自：Kleine naturwissenschaftliche Schriften (Parva naturalia), 450 b 1-11。

第一章

1. 這段話源自於唐納德．赫布的一段引言，《行為的組織──神經心理學理論》（*The organization of Behavior. A neuropsychological theory*），Mahwah/N.J. 1949/2002, S. 62：「某個細胞A軸突足以刺激B細胞，並重複或持續地參與其放電過程的話，那麼兩個細胞或其中之一，裡頭便會進行某些生長的過程或者代謝的變化，以至於做為觸動B細胞放電過程的細胞之一，A的效率提升。」這句話後來由腦部研究學者卡拉．喬．夏茲（Carla Jo Shatz）濃縮改寫並加強為公式：「會共同釋放出電子訊號的細胞，就會彼此連結。」出自：Scientific American 267 (1992), S. 60-67，引述自 S. 64。

2. T.V. Bliss/T. Lomo, »Long-lasting potentiation of synaptic transmission in the dentate area of the anaesthetized rabbit following stimulation of the performant path«., in: J. Neurol. Neurosurg. Psychiatry 20 (1957), S. 11-21.

3. J.Lisman/R. Yasuda/ S. Raghavachari, »Mechanisms of CaMKII action in long-term potentiation«, in: Nat. Rev. Neurosci. 13 (2012), S. 169-82.

4. A.J. Granger/R. A. Nicoll, »Expression mechanisms underlying long-term potentiation: a postsynaptic view, 10 years on«, in: Philos. Trans. R. Soc. Lond B. Biol. Sci. (2013) 369 (1633).

5. D.M. Kullmann, »The Mother of All Battles 20 years on: is LTP expressed pre- or postsynaptically?« J. Physiol. 590 (2012), S. 2213-2216.

6. D.B. Chklovskii/B. W. Mel/K. Svoboda, »Cortical rewriting and information storage«, Nature 14 431 (2004), S. 782-788.

7. 這段時間以來已確認的是：新習得的東西最終會傳輸到其他腦部區域中，並於該處存放在長期記憶中。至於海馬迴中的這些內容會存放多久，尚無確定的答案。參考： P. Alvarez/L.R. Squire, »Memory consolidation and the medial temporal lobe: a simple network model«, in: Proc. Natl. Acad. Sci. USA 91 (1994), S. 7041-7045.

8. 請讀者勿感到訝異，我們在這邊將「流程模式」一字（單數：Schema，複數一般為Schemas或Schemata）的複數使用為Schemate。我們所採用的是自伊曼努爾・康德之發現理論所沿用的語言習慣。Schemate指的是概念的時間化。

9. C.M. Alberini, »Mechanisms of memory stabilization: are consolidation and reconsolidation similar or distinct processes?«, in: Trends Neurosci. 28 (1) (2005), S. 51-56.進一步參考：H.P. Davis/L.R. Squire, »Protein synthesis and memory: a review«, in: Psychol. Bull. 96 (1984), S. 518-59。

10. K. Nader/G.E. Schafe/J.E. LeDoux, »Fear memories require protein synthesis in the amygdala for reconsolidation after retrieval«, in: Nature 406 (6797) (2000), S. 722-726.

11. 就我們討論內容，參考：T. Amano/C.T. Unal/D. Paré, »Synaptic correlates of fear extinction in the amygdala«, in: Nature Neuroscience 13 (2010), S. 489-494。

12. 參考：N.C. Tronson/J.R. Taylor, »Molecular mechanisms of memory reconsolidation«, in: Nat. Rev. Neurosci. 8 (4) (2007), S. 262-275；以及此篇：»Addiction: a drug induced disorder of memory reconsolidation«, in: Current Opinion in Neurobiology

23 (4) (2013), S. 573-580。

13. A. Reiner/E. Y. Isacoff, »The Brain Prize 2013: the optogenetics revolution«, in: Trends Neurosci. 36 (2013), S. 557-560.

14. 之所以使用不同光學頻率，包含了對不同細胞群體的活化等。參考：N.C. Klapoetke/Y. Murata/S.S. Kim/St.R. Pulver/A. Birdsey-Benson/Y.K. Cho/T.K. Morimoto/A.S. Chuong/E.J. Carpenter/Z. Tian/J. Wang/Y. Xie/Z. Yan/Y. Zhang/B.Y. Chow/B. Surek/M. Melkonian/V. Jayaraman/M. Constantine-Paton/G. Ka-Shu Wong/E.S. Boyden, »Independent optical excitation of distinct neural populations«, in: Nature Methods 11 (3) (2014), S. 338-346.

15. J.Y. Lin/P.M. Knutsen/A. Muller/D. Kleinfeld/R.Y. Tsien, »Rea-ChR: a red-shifted variant of channelrhodopsin enables deep transcranial optogenetic excitation«, in: Nature Neuroscience 16 (10) (2013), S. 499-1510.

16. M. Folcher/S. Oesterle/K. Zwicky/T. Thekkottil/J. Heymoz/M. Hohmann/M. Christen/M. Daoud El-Baba/P. Buchmann/M. Fussenegger, »Mind-controlled transgene expression by a wireless-powered optogenetic designer cell implant«, in: Nature Communications (2014), S. 1-11.

17. X. Liu/S. Ramirez/P.T. Pang/C. B. Puryear/A. Govindarajan/K. Deisseroth/S. Tonegawa, »Optogenetic stimulation of a hippocampal engram activates fear memory recall«, in: Nature 484 (2012), S. 381-385.

18. A.R. Garner/ D.C. Rowland/ S.Y. Hwang/K. Baumgaertel/B.L. Roth/C Kentros/M. Mayford, »Generation of a synthetic memory trace«, in: Science 335 (6075) (2012), S. 1513-1516.

19. C.M. Gray/W. Singer, »Stimulus-specific neuronal oscillations in orientation columns of cat visual cortex«, in: Proc. Natl. Acad. Sci. U S A 86 (1989), S. 1698-1702.

20. P. Fries/D. Nikolić/W. Singer, »The gamma cycle«, in: Trends Neurosci. 30 (2007), S. 309-316.

21. J.E, Lisman/G. Buzsáki, »A neural coding scheme formed by the combined function of gamma and theta oscillations«, in: Schizophr. Bull. 34 (2008), S. 974-980.

22. J.E, Lisman/M.A. Idiart, »Storage of 7+/- 2 short-term memories in oscillatory subcycles«, in: Science 267 (1995), S. 1512-1515.

23. G.A. Miller, »The Magical Number Seven, Plus or Minus Two: Some limits on Our Capacity for processing Information«, in: The Psychological Review 63 (1956), S. 81-97.

24. M. Bartos/I. Vida/P. Jonas, »Synaptic mechanisms of synchronized gamma oscillations in inhibitory interneuron networks«, Nat. Rev. Neurosci. 8 (1) (2007), S. 45-56. R.D. Traub/I. Pais/A. Bibbig/Fiona/E.N. LeBeau/E.H. Buhl/Sh.G. Hormuzdi/H. Monyer/M.A. Whittington, »Contrasting roles of axonal (pyramidal cell) and dendritic (interneuron) electrical coupling in the generation of neuronal network oscillations«, in: Proceedings of the National Academy of Sciences of the United States of America, 100 (3) (2003), S. 1370-1374. 參考：J. Cardin/M. Carlén/K. Meletis/U. Knoblich/F. Zhang/K. Deisseroth/L.-H. Tsai/Ch.I. Moore, »Driving fast-spiking cells induces gamma rhythm and controls sensory responses«, in: Nature 459 (2009), S. 663-668。

25. 參考：S.G. Hormunzdi/I. Pais/F.E. LeBeau/S.K. Towers/A. Rozov/E.H. Buhl/M.H. Whittington/H. Monyer, »Impaired electrical signaling disrupts gamma frequency oscillations in connexin 36-deficient mice«, in: Neuron 9 (2001); S. 487-495。

26. S. Melzer/M. Michael/A. Caputi/M. Eliava/E.C. Fuchs/M.A. Whittington/H. Monyer, »Long-range-projecting GABAergic neurons modulate inhibition in hippocampus and entorhinal cortex«, in: Science 335 (2012), S. 1506-1510.

27. 在這邊必須提及二〇〇三年過世的學者艾博哈特・布爾（Eberhard Buhl）其打下日後基礎的學術作品，並彰顯其遠瞻性的價值。布爾當時已有正確的思考方向，只是尚未尋獲正確的科技方法，以實現腦中深度節拍這樣想法的突破。

第二章

1. 自清醒狀態過渡至睡眠的這一階段稱之為「入眠期」（Hypnagogie），組合自hypnos「睡眠」及agein「行動」兩個古希臘文的詞根。意思指的就是將我們帶入或者丟進夢鄉的事物。在這部分所描述的優美文學充滿著意象及幻想，尤其是浪漫主義的文學。像美國作家愛倫・坡，就在那樣的情況中發現了靈感的來源。科學研究自十九世紀起，便不斷地嘗試以實驗方式著手此一現象。最新研究顯示其特點為缺乏敘事內容（亦即敘述情境——夢中沒有發生任何事），以及自身參與了上述的層面。參考：D. Vaitl/N. Birbaumer/J. Gruzelier/G. A. Jamieson/B. Kotchoubey/A. Kübler/D. Lehmann/W. H. Miltner/U. Ott/P. Pütz/G. Sammer/I. Strauch/U. Strehl/J. Wackermann/T. Weiss, »Psychobiology of altered states of consciousness«, in: Psychological Bulletin 131, 1 (2005), S. 98-127。

2. 參考：P. McNamara/D. McLaren/K. Durso, »Representations of the Self in REM and NREM Dreams«, in: Dreaming 17, 2 (2007), S. 113-126。

3. 六〇年代的初期，這些研究的先鋒包含了威廉・德門特（William Dement），以及之後的大衛・佛克斯（David Foulkes）。參考：D. Foukes, A Grammar of Dreams, Hassocks/Sussex 1978. 針對整體的系列問題，參考：M. Solms, »The neuropsychology of dreams. A clinico-anatomical study«, Mahwah 1997。

4. 參考：H. Suzuki/M. Uchiyama/H. Tagaya/A. Ozaki/K. Kuriyama/S. Aritake/K. Shibui/X. Tau/Y. Kamei/R. Kuga, »Dreaming during nonrapid eye movement sleep in the absence of prior rapid eye movement sleep«, in: SLEEP 27, 8 (2004), S. 1486-1490.

5. 參考：R. Manni, »Rapid Eye Movement Sleep, Non-rapid Eye Movement Sleep, Dreams, and Hallucinations«, in: Curr. Psychiatry Rep. 7 (3) (2005), S. 196-200；另外參考：P. McNamara/P. Johson/D. McLaren/E. Harris/C. Beauharnais/S. Auerbach, » REM and NREM Sleep Mentation«, in: International Review of Neurobiology 92 (2010), S. 69-86。

6. 這早在一九二四年時就已開始。德國耶拿大學的神經學家漢斯・貝爾格（Hans Bergner）是第一位測量腦波電流，並得以產生出「規律曲線」的學者。這段敘述出自一九三〇年八月分的《Kosmos》雜誌第八冊第二百九十一頁。

7. 快速動眼運動（REM）及夢境活動間的關係，是在一九五三年由尤金・阿賽林斯基（Eugene Aserinsky）這名芝加哥大學的學生，及其恩師納森尼爾・克萊特曼（Nathaniel Kleitman）所共同發現的。

8. J. O'Keefe/J. Dostrovsky, »The hippocampus as a spatial map. Preliminary evidence from unit activity in the freely-moving rat«, in: Brain Res. 34 (1971), S. 171-175.

9. C. Pavildes/J. Winson, »Influences of hippocampal place cell firing in the awake state on the activity of these cells during subsequent sleep episodes«, in: J. Neurosci. 9 (1989), S. 2907-2918；另外參考：M.A. Wilson/B.L. McNaughton, »Reactivation of hippocampal ensemble memories during sleep«, Science 265 (1994), S. 676-679；進一步參考：W.E. Skaggs/B.L. McNaughton, »Replay of neuronal firing sequences in rat hippocampus during sleep following spatial experience«, in: Science 271 (1996), S. 1870-1873; 最後參考：H.S. Kudrimoti/C.A. Barnes/B.L. McNaughton, »Reactivation of hippocampal cell assemblies: effects of behavioral state, experience, and EEG dynamics«, in: J. Neurosci. 19 (1999), S. 4090-4101.

10. Th. J. Davidson/F. Kloosterman/M.A. Wilson, »Hippocampal Replay of Extended Experience«, in: Neuron (63) (2009), S. 497-507.

11. G. Girardeau/K. Benchenane/S.I. Wiener/G. Buzsáki/M.B. Zugaro, »Selective suppression of hippocampal ripples impairs spatial memory«, in: Nat. Neurosci. 12 (2009), S. 1222-1223；另外參考：V. Ego-Stengel/M.A. Wilson, »Disruption of ripple-associated

hippocampal activity during rest impairs spatial learning in the rat Hippocampus«, in: Hippocampus 20 (2010), S. 1-10。

12. J. O'Neill/B. Pleydell-Bouverie/D. Dupret/J. Csicsvari, »Play it again: reactivation of waking experience and memory«, in: Trends Neurosci. 33 (5) (2010), S. 220-229.

13. M.P. Karlsson/L.M. Frank, »Awake replay of remote experiences in the hippocampus«, in: Nat. Neurosci. 12 (7) (2009), S. 913-8.

14. A.C. Singer/L.M. Frank, »Rewarded outcomes enhance reactivation of experiences in the hippocampus«, in: Neuron 64 (2009), S. 910-921.

15. 參考：K. Diba/G. Buzsáki, »Forward and reverse hippocampal place-cell sequences during ripples«, in: Nature Neuroscience 10 (2007), S. 1241-1242。另外參考：D.J. Foster/M.A. Wilson, »Reverse replay of behavioural sequences in hippocampal place cells during the awake state«, in: Nature 30 (2006), S. 680-683。

16. R.L. Buckner, »The role of the hippocampus in prediction and imagination«, in: Annu. Rev. Psychol. 61 (2010), S. 27-48。另外參考：A.S. Gupta/M.A. van der Meer/D. S. Touretzky/A. D. Redish, »Hippocampal replay is not a simple function of experience«, in: Neuron 65 (5) (2010), S. 695-705；最後參考：B.E. Pfeiffer/D.J. Foster, »Hippocampal place-cell sequences depict future paths to remembered goals«, in: Nature 497 (7447) (2013), S. 74-79。

17. 參考：E. Husserl, Vorlesungen zur Phänomenologie des inneren Zeitbewusstseins, Tübingen 1980，§§12及24。

18. 有關記憶固化現象之研究看起來再怎麼嶄新而令人吃驚，其實研究早在一九〇〇年就已經展開。G．E．穆勒（G.E. Müller）與A．皮載可（A. Pilzecker）兩位學者在《記憶研究之實驗性貢獻》（*Experimentelle Beiträge zur Lehre vom Gedächtnis*）這篇論文中，確立了這個詞彙。文章出自：Zeitschrift für Psychologie I, S. 1-300。至於深眠記憶的固化該如何想像這問題，尤其是對未來安排規畫之貢獻，我們可以如何將其連結在一起，可參考最新的研究：J. Born/I. Wilhelm, »System consolidation of memory during sleep«, in: Psychol. Res. 76 (2) (2012), S. 192-203.

19. S. Llewellyn/J.A. Hobson, »Not only ... but also: REM sleep creates and NREM Stage 2 instantiates landmark junctions in cortical memory networks«, in: Neurobiology of Learning and Memory 122 (2015), S. 69-87.

20. 我們在漫長思索過程的最後，還能夠再表達質疑：我們在醒來以後對夢境隨即回憶，是否只單純由醒來的那一瞬間所造就，所有的夢境也就只能歸咎於之後產生的幻想。參考：Petra Gehring, Traum und Wirklichkeit: Zur Geschichte einer

Unterscheidung, Frankfurt am Main/New York 2008。

21. 過去三十年有關於預設模式網絡的研究，其總結由以下學者所提供：R.L. Buckner/J.R. Andrews-Hanna/D.L. Schacter, »The Brain's Default Network«, in: Annals of the New York Academy of Sciences 1124, (2008), S. 1-38。強調夢境與白日夢之平行特性的，則有以下學者：K.C.R. Fox/S. Nijeboer/E. Solomonova/G.W. Domhoff/K. Christoff, »Dreaming as mind wandering: evidence from functional neuroimaging and first-person content reports«, in: Frontiers in Human Neuroscience, (7) 412, (2013), S. 1-18。
22. A. Horn/D. Ostwald/M. Reisert/F. Blankenburg, »The structural-functional connectome and the default mode network of the human brain«, in: NeuroImage 15 (2014), S. 142-151.
23. A.E. Cavanna, »The precuneus and consciousness«, in: CNS Spectrums 12 (7) (2007), S. 545-552.
24. P. Maquet/P. Ruby/A. Maudoux/G. Albouy/V. Sterpenich/T. Dang-Vu/M. Desseilles/M. Boly/F. Perrin/P. Peigneux/S. Laureys, » Human cognition during REM sleep and the activity profile within frontal and parietal cortices: a reappraisal of functional neuroimaging data«, in: Progress in Brain Research, 150 (2005), S. 219-227，特別是S. 225.
25. J. Panksepp, Affective Neuroscience: The Foundations of Human and Animal Emotions, New York 1998.
26. J.A. Hobson/R.W. McCarley, »The brain as a dream state generator: An activation-synthesis hypothesis of the dream process«, in: America Journal of Psychiatry, 134 (12) (1977), S. 1335-1348。另外參考：J.A. Hobson, The dreaming brain, New York 1988 及同一作者Sleep, San Francisco 1989。
27. 參考：S. R. Palombo, Dreaming and memory: A new information processing model, New York 1978及同一作者»Can a computer dream?«, in: Journal of the American Academy of Psychoanalysis, 13 (1985), S. 453-466。
28. F. Crick/G. Mitchison, »The function of dream sleep«, in: Nature 304 (1983), S. 111-114.
29. 參考相同作者群：»REM sleep and neural jets«, in: Journal of Mind and Behaviour 7 (1986), S. 229-249。

第三章

1. U. Voss/A. Hobson, »What is the State-of-the-Art on Lucid Dreaming? Recent Advances and Questions for Future Research«, in: Th.

Metzinger/J.M. Windt (Hg.), Open MIND, (38) (2015), Frankfurt am Main, S. 1-20，引用自 S. 17。進一步的基礎文獻可參考本書：St. LaBerge, Lucid Dreaming, Los Angeles 1985; P. Tholey, Empirische Untersuchungen über Klarträume, in: Gestalt Theory 3 (1981), S. 21-62; B. Holzinger, »Lucid dreaming – dreams of clarity«, in: Contemporary Hypnosis 26 (4) (2009), S. 216-224。

2. U. Voss/C. Frenzel/J. Koppehele-Gossel/A. Hobson, »Lucid dreaming: an age-dependent brain dissociation«, in: J Sleep Res. 21 (2012), S. 634-642.

3. 與在清醒夢中不一致的是，這邊的眼球運動，是以由上往下的方向進行。

4. U. Voss/R. Holzmann/A. Hobson/W. Paulus/J. Koppehele-Gossel/A. Klimke/M.A. Nitsche, »Induction of self awareness in dreams through frontal low current stimulation of gamma activity«, in: Nat. Neurosci. 17 (2014), S. 810-812.

5. 參考《法蘭克福匯報》（*FAZ*）二〇一〇年十二月十三日之報導：»Trainingswissenschaft – Stabhochsprung im Schlaf«，可於網路上閱讀：http://www.faz.net/aktuell/sport/mehr-sport/trainingswissenschaft-stabhochsprung-im-schlaf-11085668/daniel-erlacher-hat-sich-der-11087806.html，存入時間於二〇一五年四月十九日。另外參考：M. Schredl/D. Erlacher, »Lucid dreaming frequency and personality«, in: Personality and Individual Differences (37) (2004), S. 1463-1473。

6. 參考：Voss/Hobson，上述著作第十六頁。

7. F．尼采（F. Nietzsche），Vom Nutzen und Nachtheil der Historie für das Leben，出自同一作者，《批判性研究集》（*Kritische Studienausgabe*），出版商 G. Molli/M. Mollinari, München 1980, Bd. 1, S. 249。

8. H. Plessner, Die Stufen des Organischen und der Mensch. Einleitung in die philosophische Anthropologie, Berlin 1975, S. 364 ff.

9. M. Heidegger, Sein und Zeit, Tübingen 1984 (im Original 1927), S. 267.

10. 參考：V. Sommer, Lob der Lüge. Täuschung und Selbstbetrug bei Tier und Menschen. München 1992。

11. 參考：K. McGregor Hall, »Chimpanzee (Pan troglodytes) gaze following in the informed forager paradigm: analysis with cross correlations«, in: Psychology & Neuroscience Thesis, St. Andrews 2012；進一步參考：R. W. Byrne, »Deception: Competition by Misleading Behavior«, in: M. D. Breed/J. Moore (eds.), Encyclopedia of Animal Behavior, volume 1, Oxford (2010), S. 461-465，此處為S. 463 ff. 以及最後的： J. Call/M. Tomasello, »Does the chimpanzee have a theory of mind? 30 years later«, in: Trends in Cognitive Sciences 12 (5) (2008) S. 187-192。

12. 再次參考《法蘭克福匯報》二〇一〇年十二月十三日之報導。

第四章

1. D.K. Schacter/K.A. Norman/W. Koutstaal, »The cognitive neuroscience of constructive memory«, in: Annu. Rev. Psychol. 49 (1998), S. 289-318.
2. B. Zhu et al., »Individual differences in false memory from misinformation: Cognitive factors«, in: Memory 18 (5) (2010), S. 543-555.
3. B. Melo/Gordon Winocur/M. Moscovitch, »False recall and false recognition: An examination of the effects of selective and combined lesions to the medial temporal lobe/diencephalon and frontal lobe structures«, in: Cognitive Neuropsychology 16 (3-5) (1999), S. 343-359.
4. 參考：I.M. Cordón/M.E. Pipe/L. Sayfan/A. Melinder/G.S. Goodman, »Memory for traumatic experiences in early childhood«, in: Developmental Review 24 (1) (2004), S. 101-132。
5. E. Tulving, »Episodic Memory: From Mind to Brain«, in: Annual Review of Psychology (53) (2002), S. 1-25，此處為S. 4。所引用部分另有延伸文獻之推薦。
6. E. Loftus, »Planting misinformation in the human mind: A 30-year investigation of the malleability of memory«, in: Learning & Memory, 12 (4) (2005), S. 361-366.
7. J. S. Simons/H. J. Spiers, »Prefrontal and medial temporal lobe interactions in long-term memory«, in: Nature Reviews Neuroscience 4 (2003), S. 637-648.
8. 參考：K.A. Braun/Rh. Ellis/E.L. Loftus, »Make My Memory: How Advertising Can Change Our Memories of the Past«, in: Psychology & Marketing 19 (1) (2002), S. 1-23。
9. P.L. St Jacques/D.L. Schacter, »Selectively enhancing and updating personal memories for a museum tour by reactivating them«, in: Psychol. Sci. 24 (4) (2013), S. 537-543.
10. R.L. Buckner/D.C. Carroll, »Self-projection and the brain. Trends«, in: Cognitive Science (11) (2007), S. 49-57; D. Hassabis/E.A.

Maguire, »The construction system of the brain«, in: Philos. Trans. R. Soc. B. Biol. Sci. (364) (2009), S. 1263-1271.

11. 參考：J. Okuda/T. Fujii/H. Ontake/T. Tsukiura/K. Tanji/K. Suzuki/R. Kawashima/H. Fukuda/M. Itoh/A. Yamadori, »Thinking of the future and past : the roles of the frontal pole and the medial temporal lobes«, in: Neuroimage (19) (2003), S. 1369-1380。
12. D.R. Addis/D.L. Schacter, »Constructive episodic simulation: temporal distance and detail of past and future events modulate hippocampal engagement«, in: Hippocampus (18) (2008), S. 227-237.
13. D.R. Addis/D.L. Pan/M.A. Vu/N. Laiser/D.L. Schacter, »Constructive episodic simulation of the future and the past: distinct subsystems of a core brain network mediate imaging and remembering«, in: Neuropsychologia (47) (2009), S. 2222-2238.
14. Y. Okada/C. Stark, »Neural Processing Associated with True and False Memory Retrieval«, in: Cognitive, Affective, and Behavioral Neuroscience 3 (4) (2003), S. 323-334.
15. N.A. Dennis/C.R. Bowman/S.N. Vandekar, »True and phantom recollection: an fMRI investigation of similar and distinct neural correlates and connectivity«, in: Neuroimage 59 (3) (2012), S. 2982-2993.

第五章

1. M・普魯斯特（M. Proust），《追憶逝水年華》（*À la recherche du temps perdu*），hg. von J.-Y. Tadié, Paris 1987, Gallimard, Bibliothèque de la Pléiade, Bd. 1, S. 49 ff。
2. D.A. Wilson/R.J. Stevenson, »The fundamental role of memory in olfactory perception«, in: Trends in Neurosciences, 26 (5) (2003), S. 243-247.
3. J. Willander/M. Larsson, »Smell your way back to childhood: Autobiographical odor memory«, in: Psychonomic Bulletin & Review 13 (2) (2006), S. 240-244.
4. Y. Yeshurun/H. Lapid/Y. Dudai/N. Sobel, »The Privileged Brain Representations of First Olfactory Associations«, in: Current Biology 19 (2009), S. 1869-1874.
5. L. Cahill/J.L. McGaugh, »Mechanisms of emotional arousal and lasting declarative memory«, in: TINS 21 (1998), S. 294-299.
6. H. Eichenbaum/T.H. Morton/H. Potter/S. Corkin, »Selective olfactory deficits in case H.M.«, in: Brain 106 (1983), S. 459-472.

7. 這部分特別比較，參考：R.S. Ierz/J. Eliassen/S. Beland/T. Souza, »Neuroimaging evidence for the emotional potency of odor-evoked memory«, in: Neuropsychologia (42) (2004), S. 371-378。
8. 參考：R.S. Herz/T. Engen, »Odor memory: Review and analysis«, in: Psychonomic Bulletin & Review (3) (1996), S. 300-313。
9. G.M. Zucco, »Anomalies in cognition: olfactory memory«, in: Europ. Psychol. 8 (2007), S. 77-86.
10. J.A. Mennella/C.P. Jagnow/G.K. Beauchamp, »Prenatal and postnatal flavor learning in human infants«, in: Pediatrics 107 (2001), S. 1-6。另外參考：R. Haller, »The influence of early experience with vanillin on food preference later in life«, in: Chem. Senses 24 (1999), S. 465-467。
11. 參考：H. Lawless/T. Engen, »Associations to olders: interference, mnemonics and verbal labeling«, in: J. Experimental. Psychol. Hum. Learn. and Mem. 3 (1977), S. 52-59。
12. W. Benjamin, Kleine Geschichte der Photographie (1931)，出自同一作者，Gesammelte Schriften, Bd. II, Frankfurt am Main 1977, S. 378。
13. S. Maren, »Neurobiology of Pavlovian Fear Conditioning«, in: Annu. Rev. Neurosc. 24 (2001), S. 897-931.
14. C.M. McDermott/G.J. LaHoste/C. Chen/A. Musto/N.G. Bazan/J.C. Magee, »Sleep deprivation causes behavioral, synaptic and membrane excitability alterations, operations in hippocampal neurons«, in: J. Neurosc. 23 (2003), S. 9687-9695.
15. J.E. Dunsmoor/V.P. Murty/L. Davachi/E.A. Phelps, »Emotional learning selectively and retroactively strengthens memories for related events«, in: Nature (21) (2015), S. 1-13.
16. K. Nader/G.E. Schafe/J.E. LeDoux, »Fear memory requires protein synthesis in the Amygdala for reconsolidation after retrieval«, in: Nature 406 (2000), S. 722-726.
17. 參考：D. Schiller/M.-H. Monfils/C.M. Raio/D.C. Johnson/J.E. LeDoux/E.A. Phelps, »Preventing the return of fear in humans using reconsolidation update mechanism«, in: Nature (463) (2010), S. 49-53, 此處為S. 50。
18. Y.-X. Xue/Y.-X. Luo/P. Wu/H.-S. Shi/Li-Fen Xue/C. Chen/W.L. Zhu/Z.-B. Ding/Y.P. Bao/J. Shi/D.H. Epstein/Y. Shaham/L. Lu, »A MemoryRetrieval-Extinction Procedure to Prevent Drug Craving and Relapse«, in: Science 336 (2012), S. 241-245.

第六章

1. M. Korte, Jung im Kopf. Erstaunliche Einsichten der Gehirnforschung in das Älterwerden, München 2013, 3. Auflage, S. 42.
2. E. Goldberg, The New Executive Brain: Frontal Lobes in a Complex World, Oxford 2009, Kapitel 6.
3. 有關於不同的老化，參考：E. Goldberg/D. Roediger/N.E. Kucukboyaci/C. Carlson/O. Devinsky/R. Kuzniecky/E. Halgren/T. Thesen, »Hemispheric asymmetries of cortical volume in the human brain«, in: Cortex 49 (1), (2013), S. 200-210，以及：F. Dolcos/H.J. Rice/R. Cabeza, »Hemispheric asymmetry and aging: right hemisphere decline or asymmetric reduction«, in: Neuroscience & Biobehavioral Reviews 26 (7) (2002), S. 819-825：進一步參考：G. Goldstein/C. Shelly, »Does the right hemisphere age more rapidly than the left?«, in: Journal of Clinical Neuropsychology 3 (1) (1981), S. 65-78。
4. 參考：E. Goldberg/O. Sacks/A. Viala, Die Regie im Gehirn: Wo wir Pläne schmieden und Entscheidungen treffen, Kirchzarten bei Freiburg 2002。
5. 分辨腦半球生理及功能的差異，有關這部分的辯論，有些有其爭議性。有關於生理的部分最後參考：J. A. Nielsen/B.A. Zielinski/M. A. Ferguson/J.E. Lainhart/J.S. Anderson, »An Evaluation of the Left-Brain vs. Right-Brain Hypothesis with Resting State Functional Connectivity Magnetic Resonance Imaging«, in: PLOS ONE 8 (8) (2013)：關於功能差異性：E. Nikolaeva/V. Leutin, Functional brain asymmetry: myth and reality: Psychophysiological analysis of the contradictory hypotheses in functional brain asymmetry, Saarbrücken 2011.
6. S. Ballesteros/G.N. Bischof/J. O. Goh/D.C. Park, »Neurocorrelates of conceptual object priming in young and older adults: An event-related functional magnetic resonance imaging stydy«, in: Neurobiol. Aging 34, (2013) S. 1254-1264.
7. A. Osorio/S. Ballesteros/F. Fay/V. Pouthas, »The effect of age on word-stem cued recall: a behavioral and electrophysiological study«, in: Brain Research 1289 (2009), S. 56-68：另外參考：M. Sebastian/J. M. Reales/S. Ballesteros, »Aging effect event-related potentials and brain oscillations: A behavioral and electrophysiological study using haptic recognition memory task«, in Neuropsychologia 49 (2011), S. 3967-3980.
8. 參考：D. Draaisma, Die Heimwehfabrik. Wie das Gedächtnis im Alter funktioniert, Berlin 2009。
9. H. Hesse, Gedichte, Gesammelte Werke Bd. 1, Frankfurt am Main 1987, S. 119.

10. F. Nottebohm, »Neuronal replacement in the adult brain«, in: Brain Research Bulletin 57 (2002), S. 737-749。約瑟夫・阿特曼（Joseph Altman）的研究，時間上早於諾特波姆（Nottebohm）的著作，他早在一九六二年就證實了齧齒類細胞新生的結果。然而在那個時代，這些研究仍具有相當爭議性。

11. P.S. Erikson/K. Perfilieva/T. Björk-Eriksson/A.-M. Alborn/C. Nordborg/D.A. Peterson/F.H. Gag, »Neurogenesis in the adult human hippocampus«, in: Nat. Med. 4 (1998), S. 1313-1317.

12. H. Van Paarg/G. Kempermann/F.H. Gage, »Running increases cell proliferation and neurogenesis in the adult mouse dentate gyrus«, in: Nat. Neurosci. 2 (1999), S. 266-270.

13. T. Ngandu/J. Lehtisalo/A. Solomon/E. Levälahti/S. Ahtiluoto/R. Antikainen/L. Bäckmann/T. Hänninen/A. Jula/T. Laatikainen/J. Lindström/F. Mangialasche/T. Paajanen/S. Pajala/M. Peltonen/R. Rauramaa/A. Stigsfotter-Neely/T. Strandberg/J. Tuomilehto/H. Soininen/H. Kivipelto, »A 2 year multidomain intervention of diet, exercise, cognitive training, and vascular risk monitoring versus control to prevent cognitive decline in at-risk elderly people (FIN-GER): a randomized controlled trial«, in: The Lancet 385, No. 9984 (2015), S. 2255-2263.

14. M.P. Mattson, »Lifelong brain health is a lifelong challenge: From evolutionary principles to empirical evidence«, in: Aging Research Reviews, 20 (2015), S. 37-45.

15. M.W. Voss/C. Vivar/A.F. Kramer/H. van Praag, »Bridging animal and human models of excercise-use brain plasticity«, Trends Cogn. Sci. 17 (2013), S. 525-544.

16. J. Lee/W. Duan/M.P. Mattson, »Evidence that brain derived-neurotrophic factor is required for basal neurogenesis and mediate, in part, the enhancement of neurogenesis by dietry restriction in the hippocampus of adult mice«, in: J. Neurochem. 82 (2002), S. 1367-1375.

17. 至少在底下備註有提到：規律的運動及學習會釋放某種特別的物質，這種物質對於記憶中復原工程而言不可或缺。此物質是一種名字縮寫為ＢＤＮＦ的蛋白分子，全名為「腦源性神經營養因子」（Brain-Derived Neurotrophic Factor）。這種因子能夠在腦中對我們尤其重要的海馬迴中，刺激神經的生長。其兩位發現者分別為漢斯・透能（Hans Thoenen）和義夫—艾倫・巴德（Yves-Alain Barde）。

18. 有關「大器晚成者」的概論，由艾克納恩．高德伯（Elkhonon Goldberg）在《智慧公式：老年時的心靈新力量》（*Die Weisheitsformel. Wie Sie neue Geisteskraft gewinnen, wenn Sie älter werden*）一書，當中〈老化及歷史上的金頭腦〉（Altern und kluge Köpfe in der Geschichte）一章內，有相關之討論。Reinbek bei Hamburg 2007, S. 65-91.
19. D．凱曼（D. Kehlmann），《丈量世界》（*Die Vermessung der Welt*），Reinbek bei Hamburg 2005, S. 96f。
20. G. Strobel, »In Revival of Parabiosis, Young Blood Rejuvenates Aging Microglia, Cognition«, in: Alzforum，發表於二〇一四年五月五日。原文網址：http://www.alzforum.org/news/conference-coverage/revival-parabiosis-young-blood-rejuvenates-aging-microglia-cognition
21. T. Wyss-Coray et al., »The ageing systemic milieu negatively regulates neurogenesis and cognitive function«, in: Nature 477 (2011), S. 90-94; A. Bitto/M. Kaeberlein, »Rejuvenation: It's in Our Blood«, in: Cell Metab. 20 (1) (2014), S. 2-4; A. Laviano, »Young Blood«, in: The New England Journal of Medicine 371 (2014), S. 573-575.
22. 參考：C. Haas/A.Y. Hung/M. Citron/D. B.Teplow/D.J. Selkoe, »beta-Amyloid, protein processing and Alzheimer's disease«, in: Arzneimittelforschung 45 (3A) (1995), S. 398-402; H. V. Vinters, »Emerging concepts in Alzheimer's disease«, in: Annu. Rev. Pathol. 10 (2015), S. 291-319; H. Zempel/E. Mandelkow, »Lost after translation: missorting of Tau protein and consequences for Alzheimer disease«, in: Trends Neurosci. 37 (12) (2014), S. 721-732；針對風險因子研究之最新進展，參考：D. M. Michaelson, »APOE ε4: the most prevalent yet understudied risk factor for Alzheimer's disease.«, in: Alzheimers Dement. Nov; 10 (06) (2014), S. 861-868。

第七章

1. Th. Nagel, »What is it like to be a Bat?«, in: The Philosophical Review 83 (4) (1974). S. 435-445.
2. C. Grau/R. Ginhoux/A. Riera/T.L. Nguyen/H. Chauvat/M. Berg/J.L. Amengual/A. Pascual-Leone/G. Ruffini, »Conscious Brain-to-Brain Communication in Humans Using Non-Invasive Technologies«, in: PLOS ONE, 19 (2014)，閱讀網址：http://journals.plos.org/plosone/article?id=10.1371/journal.pone.0105225
3. U. Kummer, »Die Melodie macht die Musik. Um das Konzert des Lebens zu verstehen, muss sich die wissenschaftliche

Denkweise ändern«，閱讀網址：http://www.uni-heidelberg.de/presse/ruca/ruca08-2/die.html

4. St. L. Bressler/V. Menon, »Large-scale brain networks in cognition: emerging methods and principles« in: Trends in Cognitive Sciences 14 (6) (2010), S. 277-290.
5. 就嗅覺感官的討論，可參考：A. Menini (Hg.), The Neurobiology of Olfaction, Boca Raton 2010, Kapitel 12.
6. M. Halbwachs, La mémoire collective, Paris 1997, Albin Michel.
7. 發展及趨勢，極詳盡的統整可於此尋獲：J.K. Olick/V. Vinitzky-Seroussi/D. Levy (Hg.), The Collective Memory Reader, Oxford, 2011。
8. H. Welzer, Das Kommunikative Gedächtnis. Eis Eine Theorie der Erinnerung, 3. Auflage, München 2001.
9. 參考：J. Assmann, Das kulturelle Gedächtnis: Schrift, Erinnerung und politische Identität in den frühen Hochkulturen, München 2013.
10. P. Nora (Hg.), Les Lieux de mémoire, Paris 1997, Gallimard, 3 Bde.

第八章

1. 參考：二〇一五年五月二日出版之《南德意志報》（*Süddeutsche Zeitung*）第三十三頁。
2. 參考：G・W・萊布尼茨（G.W. Leibniz），Monadologie § 17。萊布尼茨認為，風車的例子本質與感官有關。

結論

1. R. Kuzweil, The Singularity Is Near: When Humans Transcend Biology, London 2006.

DAS GENIALE GEDÄCHTNIS: WIE DAS GEHIRN AUS DER VERGANGENHEIT UNSERE ZUKUNFT MACHT by Hannah Monyer and Martin Gessmann
© 2015 by Albrecht Knaus Verlag, a division of Verlagsgruppe Random House GmbH, München, Germany.
Traditional Chinese edition copyright:
2017 Rye Field Publications, A Division of Cité Publishing Ltd
Published by arrangement with Albrecht Knaus Verlag, a division of Verlagsgruppe Random House GmbH, München, Germany
through Andrew Nurnberg Associates International Limited
All rights reserved.

國家圖書館出版品預行編目資料

是鴨子還是兔子：當腦神經學遇上哲學，探討記憶如何更新連結未來的樣貌／漢娜・蒙耶（Hannah Monyer）、馬丁・蓋斯曼（Martin Gessmann）著；薛宇桐譯. -- 初版. -- 臺北市：麥田, 城邦文化出版：家庭傳媒城邦分公司發行, 民106.12
面；　公分. --（不歸類；128）
譯自：Das geniale Gedächtnis Wie das Gehirn aus der Vergangenheit unsere Zukunft macht
ISBN 978-986-344-518-0（平裝）
1. 記憶　2. 腦部
176.33　　106021085

不歸類 128

是鴨子還是兔子

當腦神經學遇上哲學，探討記憶如何更新連結未來的樣貌

Das geniale Gedächtnis

作　　者／漢娜・蒙耶（Hannah Monyer）、馬丁・蓋斯曼（Martin Gessmann）
譯　　者／薛宇桐
責 任 編 輯／許景理、賴逸娟
校　　對／簡愛力

國 際 版 權／吳玲緯　蔡傳宜
行　　銷／艾青荷　蘇莞婷　黃家瑜
業　　務／李再星　陳美燕　杻幸君
編 輯 總 監／劉麗真
總 經 理／陳逸瑛
發 行 人／凃玉雲
出　　版／麥田出版
10483臺北市民生東路二段141號5樓
電話：(886)2-2500-7696　傳真：(886)2-2500-1967
發　　行／英屬蓋曼群島商家庭傳媒股份有限公司城邦分公司
10483臺北市民生東路二段141號11樓
客服服務專線：(886) 2-2500-7718、2500-7719
24小時傳真服務：(886) 2-2500-1990、2500-1991
服務時間：週一至週五09:30-12:00・13:30-17:00
郵撥帳號：19863813　戶名：書虫股份有限公司
讀者服務信箱E-mail：service@readingclub.com.tw
麥 田 網 址／https://www.facebook.com/RyeField.Cite/
香港發行所／城邦（香港）出版集團有限公司
香港灣仔駱克道193號東超商業中心1樓
電話：(852)2508-6231　傳真：(852)2578-9337
E-mail：hkcite@biznetvigator.com
馬新發行所／城邦（馬新）出版集團【Cite(M) Sdn. Bhd. (458372U)】
41, Jalan Radin Anum, Bandar Baru Sri Petaling, 57000 Kuala Lumpur, Malaysia.
電話：(603)9057-8822　傳真：(603)9057-6622
電郵：cite@cite.com.my

封 面 設 計／江孟達
印　　刷／中原造像股份有限公司

■2017年（民106）12月10日　初版一刷　　Printed in Taiwan.

定價：320元
著作權所有・翻印必究
ISBN 978-986-344-518-0

城邦讀書花園
www.cite.com.tw
書店網址：www.cite.com.tw